庆祝抗日胜利

中华民族解放

万岁

毛泽东

起来不愿做奴隶的人们把我们的血肉筑成我们新的长城中华民族到了最危险的时候每个人被迫着发出最后的吼声起来起来起来我们万众一心冒着敌人的炮火前进冒着敌人的炮火前进前进前进进

义勇军进行曲

津岩敬录

一 谨以此书纪念
中国人民抗日战争暨世界反法西斯战争的伟大胜利

在抗日战争时期的鲁南地区，有一支英勇抗击日本侵略者的队伍，他们爬飞车、夺机枪、破铁路、炸桥梁、拔据点，似尖刀插在敌胸膛，打得敌人魂飞胆丧，他们的业绩被后人代代传颂。我们为成为铁道游击队的传人而感到骄傲与自豪，并愿终生为宣传这些民族英雄而不懈努力。

——编 者

鐵道游擊隊圖史

导读 **R**EADING

铁道游击队图史

序一

铁道游击队的英雄史迹是中国人民
抗日战争伟大史诗的辉煌篇章

贺敬之

二〇〇五年

贺敬之 中宣部原副部长 文化部原代部长

抗日战争时期，鲁南地区活跃着一支铁道游击队。

这支队伍以抱犊崮山区抗日根据地为依托，活动于津浦铁路鲁南段和临城——枣庄、枣庄——赵墩铁路线上，驰骋于微山湖畔和运河两岸。

他们在共产党的领导下，依靠枣庄人民的拥护和支持，坚持敌后游击战争，神出鬼没，出其不意地打击日本侵略者，与敌人展开了殊死的搏斗，"劫火车、炸桥梁、破铁路、拔据点……像一把钢刀插进敌胸膛，打得鬼子魂飞胆丧"，其事迹惊天地，泣鬼神。他们和兄弟部队密切配合，开辟和保护华东经鲁南通往延安的秘密通道，安全护送了刘少奇、陈毅、罗荣桓、萧华等千余名干部，为革命立下奇功，被萧华将军誉为"怀中利剑，袖中匕首"，是敌后抗日游击队的"一面鲜明旗帜"。

铁道游击队传奇式的战斗事迹成名远扬，当年就在抗日根据地广为传颂。刘知侠同志依据真实的铁道游击队故事，创作了著名小说《铁道游击队》。小说又改编成连环画和戏剧，拍成电影、电视等，铁道游击队事迹口口相传，爱国主义和革命英雄主义精神教育了一代又一代人。我作为一个枣庄人，为我的家乡有这样一支英雄的队伍而感到无比光荣、骄傲和自豪！

热爱家乡更热爱铁道游击队的潘福安同志在社会各界支持下，自筹资金举办了纪念铁道游击队创建60周年展览，成立了铁道游击队展览馆，并编辑了反映铁道游击队英雄事迹的《铁道游击队图史》。潘福安为宣传铁道游击队精神，弘扬民族主义作出了贡献，他所做的一切不仅是个人行为，也代表了鲁南抗日革命根据地老区人民的心愿。原铁道游击队政委郑惕将军称潘福安是铁道游击队精神传人。

《铁道游击队图史》图文并茂，史料翔实而丰富，是一部难得的爱国主义教科书。编者业余时间悉心收集，精心采编，历时数年，终将散落于社会的珍贵资料收拢扩展编撰成册、出版发行，让我们得以全面了解这段浴血奋战的史实，了解英雄们可歌可泣的事迹。

观史，可以明志；以史为鉴，可以知兴亡。包括铁道游击队英雄史迹在内的整个中国人民抗日战争的伟大史诗，作为我国人民，特别是年青一代的珍贵教材，它将永远激励我们为建设强大的社会主义祖国，并和全世界人民一道为争取世界和平和发展两大目标的实现而奋勇前进。

序二

報国精神　永击长存

庚辰年仲秋　郑惕 题

在纪念铁道游击队创建六十周年展览开幕式上的讲话

郑　惕　原铁道游击队政委　二炮原副司令员　中将

　　在纪念铁道游击队创建60周年展览开幕之际，首先对潘福安同志以个人的名义、抵押了自己的房产，自筹资金来举办这次展览，表示我深深的感动。在市场经济条件下，他能够做到无私地奉献，确实是难能可贵的，我在这里代表铁道游击队老战士向潘福安同志，向为这次展览作出贡献的同志们，也向枣庄市表示衷心的感谢。

　　铁道队的原名、正式番号叫"鲁南铁道大队"，铁道游击队是刘知侠写的小说的名字，现在大家也习惯了、叫熟了，到处都知道铁道游击队的事迹、战绩，小说、电影里基本上都表达了，是真的，是实的。

　　我第一次接触铁道游击队是1940年的春天，是王志胜他们打了日本洋行后。那天早上我去看他们，他们正在睡觉，身上血迹未干，溅了血的衣裳还在他们身上穿着。当时我很受感动，认为他们确实是支英勇的部队，后来我有幸奉命到这支部队工作。现在，他们那些英勇杀敌的事迹在电影、小说里已经介绍了，我不在这里重复。应该说这支部队没有辜负党和国家对他的培养、教育、委托，也没有辜负枣庄地区父老乡亲对这支部队的养育。所以，铁道游击队的胜利应该说是枣庄和微山地区父老乡亲养育起来的，我们应该感谢枣庄地区培养了这样一支英雄的子弟兵，这也是枣庄人民的骄傲。

　　但是我要说明，铁道游击队的胜利是伴随着世界反法西斯战争胜利和抗日战争胜利的同时取得的，这决不是铁道游击队孤零的百十个人、二百几十人的游击队所能得到的伟大胜利。大家回想当时的历史就清楚了：这个胜利是伴随着第二次世界大战，反法西斯战争胜利，是同盟国打败了欧洲的德国，然后回师战胜亚洲的日本，苏联出兵东北，英美参战，美国在日本投放了原子弹，迫使日本帝国主义无条件投降，中国的抗日战争取得了胜利。在这种条件下，参加二次大战的铁道游击队才同时取得了这个伟大胜利。这个胜利来之不易，中国就死了三千多万人，铁道游击队后来据不完全统计，先后死伤近三百余人，胜利确实来之不易。但这支部队应该说是取得了胜利，或者说我们今天来弘扬的铁道游击队的事迹，这个事迹的取得也并不完全是靠铁道游击队本身，固然也有她自己的贡献，小说、电影里也表达出来的。我在这里强调，我们之所以在枣庄及敌占区能够存在，能够战斗，能够生活，能够取得胜利，一是由于共产党的领导。我这并不是口号，因为在党中央的领导下，在1942年、1943年，尤其是在敌后的情况下，叫做敌进我进，向敌人的敌占区开展政治攻势，在这样的方针

指导下，敌人向根据地推进，武工队、游击队就深入到敌后。铁道游击队之所以取得胜利是由于共产党的正确领导，当然，大的方面就不要讲了，一切方针政策都是在共产党的领导下。第二，有一个后方根据地作依托，鲁南抱犊崮后边山区就是抗日根据地。铁道游击队在形势恶劣的时候，就奉命到根据地去休整，在那里很安全，有依托。第三，由于有主力部队的支持，比如大家都熟悉的老三团、老五团等老八路来作为我们的后盾，打不了你，就找主力部队来打你，有个老大哥在。第四，有当时的运河支队、微湖大队等兄弟部队的支援。如果没有他们的支援，铁道游击队就孤立了，所有的战斗就是互相配合支持的。最后一点也是很重要的一点，就是枣庄地区的广大人民群众的支持、支援、爱护、帮助。因为都是枣庄人民的子弟兵，人民群众把我们都当自己的子女对待，所以那个时候我们是一身轻，我们没有钱、没有饭，吃的、穿的、用的除了缴获敌人的武器、物资之外，几乎全部是来自群众。所以我说铁道游击队是枣庄、微山地区父老乡亲抚育起来的、养育起来的一点也不假。日本人只要一出动，老百姓发现了就马上告诉我们，这不光是"芳林嫂"、"冯大爷"这一类的人和我们的情报站，更重要的是有广大群众自觉地帮助我们。受了伤，伤员没有地方放，哪有医院呀！往老百姓家里一放，由老百姓看护，饿了吃饭由老百姓来送。我们打临城、打票车，到敌人内部去活动，王志胜杀鬼子也好，老百姓都知道，也装着没看见，甚至帮助你。日本人一行动，就在老百姓眼底下盯着，离开群众，寸步难行这个鱼水情我们老一辈同志永记在心中。所以我说，取得胜利不是孤立的，是第二次世界大战、反法西斯战争的胜利；是由于有中国共产党正确的领导，由于有根据地的依托，由于主力部队的支援，由于当地部队的配合，特别是由于枣庄地区广大人民群众的支援爱护、帮助而取得的胜利，我在这里再一次感谢大家。

现在我们纪念这支英雄的部队成立60周年，时间过得这么快，弹指一挥间。最近日本军国主义、右派势力极力在翻案，侵略势力很嚣张，它们不承认过去的侵略，所以我特别提一下在纪念铁道游击队成立60周年的时候不要忘记日本军国主义、右翼势力还在蠢蠢欲动，我们要居安思危，不能忘记过去。那我们应该怎么处理呢？只有国家富强，只有国富民强，只有我们强盛起来，经济建设上去了，国家强盛了，国防建设强大了，才不怕敌人的侵略，才能抵制住外国侵略。回想当年为什么日本人打进来了，就是因为国家四分五裂。国民党的统治没有能力，完全是一个骑在人民身上的反动统治。七·七事变的事实大家都清楚，当时东北三省已经成了日本统治下的傀儡——满洲国。华北实际上已经被日本控制了，大家想一想，卢沟桥事件是在北京的南郊，也就是说当时的华北已经被日本控制了。国家四分五裂，军阀混战，蒋介石腐败。我希望，也就是我的盼望，枣庄地区在党委、政府领导下，在邓小平理论指导下，发扬铁道游击队的英勇奋斗、不怕流血牺牲、勇于胜利、敢于胜利的精神，来建设枣庄，使我们的枣庄早一天繁荣富强起来，取得更大的成就。

序三

珍视历史 再创辉煌

杨斯德题

杨斯德 八路军115师苏鲁支队敌工股长 中共中央对台办原主任

爱国主义民族精神是中华民族前进的动力和不竭之源。

枣庄是一座有着悠久灿烂文明史的英雄城市，无数的仁人志士为着中华民族的振兴发展作出了杰出的贡献，特别是发生在抗日战争期间，由中国共产党缔造和领导，诞生在枣庄地区的铁道游击队（隶属于八路军115师苏鲁支队），更是中国人民抗击外倭侵略者、保家卫国、英雄史诗中的一道绚丽的"民族之光"。

这支英雄的部队在敌人心脏坚持斗争，取得了一个又一个胜利，创造了许多可歌可泣的战斗事迹，对中国人民抗日战争的胜利作出了不可磨灭的贡献。铁道游击队是中国人民抗日斗争的一个缩影，他创造的铁道游击战与地道战、地雷战等战斗模式一样，充分显示了中国人民战胜敌人的决心和聪明智慧，为中国抗日战争和世界反法西斯战争胜利作出了贡献，为世人传颂，添列中国乃至世界反法西斯战争的光辉历史。

铁道游击队的光辉战斗史是集党史、军史、统战史、工运史为一体的民族英雄史。

以史为鉴，可知兴替。党的三代领导核心和以胡锦涛为总书记的党中央都十分注重史实研究工作。并做出了弘扬、培育民族精神，加强爱国主义教育工作的重要指示。

恩格斯指出，爱国主义是以爱家乡为基础的，只有热爱自己的家乡，才能更加热爱祖国。因此热爱家乡的教育是爱国主义教育的主要内容。潘福安同志经过十余年的不懈努力，收集整理资料，在社会各界的帮助下，为宣传这些民族英雄而努力工作，成立了枣庄铁道游击队展览馆，编写了《铁道游击队图史》，使得我们能更系统、完善地了解这支民族英雄之师的光辉历史，为开展爱国主义教育提供了教材，他的行为向人们展示了一名普通共产党员忧国为民、践行"三个代表"和"保持共产党员先进性"的光辉形象。他的行动也得到了党和政府、人民的厚爱，2001年被山东省人民政府、山东省军区授予《山东省国防教育先进个人》、枣庄市《精神文明先进个人》、《精神文明建设十佳个人》、《双拥工作先进个人》等荣誉称号。

我作为这段光辉历史的见证人，为我的家乡有这么一支民族英雄队伍，以及继承他们的遗志的人民而感到骄傲和自豪，我坚信在以胡锦涛同志为总书记的党中央领导下，高举邓小平理论伟大旗帜，以"三个代表"重要思想为指导，牢固树立和落实科学发展观，与时俱进、开拓进取、创真求实、扎实工作，构建社会主义和谐社会，定能实现枣庄经济社会的跨越式发展，为中华民族的振兴作出贡献。枣庄的明天必将是社会更加繁荣，人民更加幸福。

一部有血肉的历史的结晶、人民不会忘记、读者也不会忘记。

刘知侠 真骅 2004.12 重庆

唱响那动人的歌谣

刘真骅

中华民族是一个有着五千年文明史的英雄民族，无数仁人志士为她付出了满腔热血和生命，谱写出一曲曲弘扬民族精神的动人歌谣。

抗日战争期间诞生在枣庄的铁道游击队（即鲁南铁道大队），亦是抵抗外侮的一支民族英雄之师。在中华民族到了最危险的时刻，他们在中国共产党的领导下，依靠人民群众，发挥民族智慧，创造了铁道游击战这一特殊战斗模式，英勇地打击日本侵略者，为中国人民抗日战争、世界反法西斯战争做出了重大贡献，堪称中华民族抗击外侮英雄史中的一朵奇葩。

1943年刘知侠在山东军区召开的战斗英雄大会上采访了铁道游击队的英雄后，1944年、1945年又应铁道游击队邀请，二次与他们一起战斗，体验生活。1946年刘知侠还被授予"铁道游击队荣誉队员"。1952年刘知侠以他们的英雄事迹为素材，创作了小说《铁道游击队》，于1954年出版，先后多次印刷，并被译成俄、日、英、法等8国文字在海内外流传；之后，根据小说改编了影视、书画等，节编缩写的《铁道游击队》（少年版）也被列为团中央向全国青少年推荐的书目。

出生在铁道游击队故乡的潘福安同志为了弘扬民族精神，完成他宣传这些民族英雄的夙愿，历经数十年搜集整理铁道游击队资料，用这些原始、真实的大量史料，编辑成《铁道游击队图史》，向人民翔实地展现了这些民族英雄之师的光辉战斗业绩。由于采用图文方式编辑，故能刊展大批珍贵史料、图片，以飨热爱和平、挚爱民族的读者。《铁道游击队图史》与刘知侠编写的小说《铁道游击队》文史相辅。通观二书，可以对这支民族之师有更全面的了解，更能激发人们的民族自强、自豪感。

观史可明志、可鉴今。在纪念中国人民抗日战争暨世界反法西斯战争胜利60周年和《铁道游击队图史》付梓之际，我谨代表刘知侠先生向潘福安同志表示祝贺，并期望中华儿女们读了这本书后，更能激发他们的爱国民族激情，用他们的热血和智慧报效中华，使我们的国家、民族更加繁荣富强，人民生活更加幸福，永远唱响那动人的歌谣！

铁 道 游 击 队 史 略

齐广本 中共枣庄市委党史研究室原副主任

铁道游击队是中国共产党创建和领导的诞生在枣庄的一支抗日武装，其前身是枣庄情报站，原名先叫枣庄铁道队，后称鲁南铁道队、鲁南铁道大队，"游击"二字是刘知侠写小说时加上去的，但也正好反映了这支部队的战斗性质，被萧华誉为"抗日游击队的一面鲜明旗帜"，"怀里利剑，袖中匕首。"

1937年"七七"卢沟桥事变后，抗日战争全面爆发，日军"三光"政策把中国人民推向苦难的深渊。在中华民族最危险的时候，中国共产党领导的抗日军民奋起抵抗，广泛开展敌后游击战争，陷敌于人民战争的汪洋大海。

1938年3月，日军占领枣庄，枣庄这座煤城沦为腥风血雨的人间地狱。中共苏鲁豫皖边区特委根据中央指示，立即发动抗日武装起义，成立了抗日义勇总队，奋力开辟抱犊崮山区抗日根据地和开展敌占区的工作。由于枣庄盛产战略物资煤和军事地位的重要，日军派重兵占领。为了开展枣庄的工作，总队决定派枣庄籍的第三大队三连一排排长洪振海和三排排长王志胜潜回枣庄建立抗日情报站。洪、王二人穷苦出身，靠吃"二条线"（扒火车）生活，从小练就了一身从奔驰的火车上跃上跳下的绝技，且对枣庄人地两熟。他们于1938年10月来枣庄后，立即在火车站西北侧的陈庄建立了情报站，并很快发展了数名情报人员和外围人员。洪振海主要在煤矿工人中活动，王志胜则打入日军特务机关——正泰国际公司（群众称"洋行"），以搬运工作掩护开展活动。情报站在做好情报工作，使山区抗日军民掌握"反扫荡"主动权的同时，还瞄准时机打击敌人，第一个漂亮仗是夜袭"洋行"。1939年8月的一天，洪振海、王志胜等三人仅凭一支短枪，各带一把大刀，乘夜摸进"洋行"，将"大掌柜"、"二掌柜"砍死，将"三掌柜"砍伤，缴获长短枪各一支，且安全撤出，给予不可一世的驻枣日军一个教训，搞得敌人一时惊恐万状。同年10月，王志胜装火车时发现有部分枪支弹药，便悄悄地在装有武器的车厢上作了记号，然后和洪振海商定了劫枪计划。晚上九点左右，火车刚开出枣庄站，洪振海和曹德全便飞身跃上火车，待到预定地点时，将包扎好的机枪、12支步枪和两箱子弹掀下火车，早就埋伏在那里的王志胜等人马上运走藏好，很快山里部队派人取走。这便是有名的"飞车搞机枪"。

1939年9月，八路军一一五师进入鲁南，10月，抗日义勇总队被改编为一一五师苏鲁支队。根据支队领导在继续做好情报工作的基础上建立抗日武装的指示，洪振海他们一边筹建了"义和炭场"作掩护和增加活动收入，一边组建了一支秘密小型的抗日武装，取名枣庄铁道队，公推洪振海

为队长，王志胜、赵连有为副队长。遂将情况上报支队并请求派政委。1940年2月，支队正式命名为鲁南铁道队，派杜季伟任政委化名刘鹤亭，公开身份是管账先生。杜季伟通过一段时间的教育培养和考察，发展了王志胜等几名党员，建立了党支部，并任书记。从此，这支部队在党组织的领导下开始逐步成长起来，进入辉煌的历史时期。

炭场红红火火地开办起来，基本队员也发展到15人，外围队员近百人，建立了十几个联系站。不仅经济收入大增，更重要的是扩大了情报来源，提供的情报更多、更准确，使敌人的"扫荡"不是遭我伏击就是扑空。3个月后，敌人逐渐怀疑到炭场子上来，几次搜查均未查出破绽，终因一名队员无意中泄密，炭场被查封，但铁道队已及时转移到齐村，并公开打出八路军鲁南铁道队的旗号。此前，杜季伟针对队员作风散漫等情况，在小屯村进行了一段时间的整训，使队员接受了一次正规化教育，对部队的思想作风建设起到了一定的作用。

1940年5月，铁道队为牵制敌人对山区的"扫荡"，打击敌人的嚣张气焰，又一次袭击了"洋行"，亦称"血染洋行"。这时铁道队已有30多名队员，他们分成5个战斗小组行动，击毙日特13名、翻译1名，缴获长短枪6支和其他战利品一宗，且顺利撤出。这是铁道队正式建队后打的第一个漂亮仗，给敌人以沉重打击，鼓舞了队员的士气，提高了铁道队在群众中的威信。

奇袭敌票车是铁道队"血染洋行"后的又一次漂亮仗。他们接受了支队"搞点资金"的任务后，于6月的一天，洪振海带领队员化装上车。他们携带酒肴，暗藏武器，热情地将押车敌人"慰劳"得酩酊大醉。在王沟西，王志胜带领20名短枪队员也跃上火车。洪振海早已把司机捆绑起来，此时拉响汽笛，队员们几乎同时开枪，仅10多分钟，便毙敌12人，缴获短枪12支和伪钞8万元等战利品。此时，"飞虎队"名声大振，敌人大为震惊和恐慌。不久，铁道队又在四孔桥设伏，截击了日军从台儿庄开往临城的混合列车，击毙日军8人，缴获步枪、手枪各4支以及大量布匹和日用品，除部分物品送往根据地外，其余分给了当地群众。

铁道队的节节胜利，既有力地配合了抗日根据地的反"扫荡"，又迅速扩大了在群众中的影响，当地群众纷纷送子参军，壮大了这支抗日队伍。同时，敌人也更加疯狂。铁道队便避敌锋芒向临城一带转移。在临城一带，铁道队常与临城南北也称铁道队的另两支抗日队伍联合行动。1940年7月，在五县工委书记潘复生的支持下，鲁南铁道队与中共沛滕边县委协商，与另两支铁道队合编为鲁南铁道大队，洪振海、王志胜任正副大队长，杜季伟仍任政委。大队设三个中队。原鲁南铁道

队为一中队，由徐广田任中队长，孙茂生、田广瑞（后叛变）分别任二、三中队长。这时鲁南铁道大队共有150多人。

鲁南铁道大队成立后，战斗力增强，对敌斗争更加活跃，给敌人打击更加有力，因而也越来越遭到敌人更加频繁地"扫荡"、"清剿"，处境越来越困难。

此时，铁道大队划归刚成立的鲁南军区领导。军区得知他们的处境后，便下令调他们进山整训，留下少数坚持斗争。经过埠阳一个月的整训，军政素质大为提高。出山后，他们以新的姿态开展了更加有力的对敌斗争，取得了一系列轰轰烈烈的战斗业绩。他们首先在沙沟与韩庄间将敌列车颠覆，致使车上所载坦克、大炮损毁，车辆大部报废。这是出山后的首开战果。之后，又派人在临城火车站附近活捉敌田村中树和小山口2名骑兵，此二人后来加入了反战同盟。接着，大队三位领导人率30多名队员并发动百名群众，将临枣铁路铁轨扒掉3里多长，砍断电线杆100余根，中断敌交通和通讯一个多星期。又在沙沟与塘湖间截获敌军用火车一列，击毙车警，缴获了大批物资。

1941年初，日军对包括山东在内的华北地区重点"扫荡"，鲁南斗争形势恶化，铁道大队处境十分险恶，队员们被迫在野地里过夜，甚至空着肚子一趴就是好几天。为应对这严峻形势，铁道大队进行了精简整编，扩大情报联络站，开展除奸活动，在广大群众如秦明道和大老殷、郝贞、刘桂清等"冯老头"和"芳林嫂"们的支持下，又重新打开局面，由秘密转为公开，并展开攻势。他们联合微湖大队、运河支队一举攻克微山岛，全歼日伪阎成田部200余人，缴获步枪200余支、机枪4挺、手炮2门及其他战利品一宗。随后又制造了七孔桥两机车相撞事件，使车毁桥断，致敌津浦交通中断数日。恢复通车后，铁道大队又连续截敌列车，收获甚丰。他们又接连袭击临城车站，派员大白天将监督修水塔的2名日军击毙，又夜袭驻站日军，战斗不到10分钟，便击毙日军头目高岗及石川，缴获步枪30余支、机枪2挺、手枪3支、子弹数千发，而铁道大队无一伤亡。在撤退时，随机制造假象，造成事后日军误判为伪军阎部所为，将阎成田等伪军头目枪毙，其部下被押往东北干苦力。铁道大队对临城日军的一系列行动，使斗争局面进一步好转，队伍扩大。他们用缴获的步枪组建了长枪队，在该队和各中队配备了指导员，建立健全了党组织。

1941年冬，鲁南军区被服厂突遭破坏，部队过冬棉衣无着，军区指示铁道大队尽快把布匹搞到，不几天，他们便在塘湖附近将青岛开往上海的布车截获，缴获洋布1200余匹、日军军服800余套和毛毯、药品一宗，解决了山区部队的冬装问题。

日军在对铁道大队的清剿收效甚微，于是改用特务对付他们。一次特务头子松尾带3名特务潜入铁道大队驻地六炉店侦察，被发现后，有2名日特被当场击毙。松尾逃脱后纠集1000多日军分两路将六炉店包围，扑空后追到黄埠庄，铁道大队与之激战。大队长洪振海在这次激战中壮烈牺牲，年仅31岁。洪振海牺牲后，刘金山接任大队长，赵永泉升任副大队长。

　　1942年春，日军在鲁南猖獗一时，在野蛮"扫荡"山区抗日根据地后，又回过头来"扫荡"微山湖地区，向微山岛发动突然进攻。铁道大队和微湖大队等驻岛部队和党政机关激战后突围。铁道大队撤离微山岛后又再次进山休整。

　　经过一段整训，铁道大队出山重返微山湖地区。根据军区指示，他们的任务转移到主要担负开辟和保护从华东经鲁南到延安的秘密交通线，护送过往干部上来。

　　此时，铁道大队面对的是该地区再次伪化和敌人的突袭战术及"强化治安"运动所带来的困难局面，但他们毫不畏惧，也有办法。首先依靠和发动群众摸清敌情，掌握敌人活动规律，采取武装请客的方式，将所有伪乡长"请"到山里，对罪大恶极、死心塌地者坚决镇压，经教育悔改者予以放回，明里应付敌人，暗里为铁道大队出力。此举，打掉了敌人的耳目，重新打开了局面，为护送工作打下了基础。

　　从1942年3月护送刘少奇赴延安始，至1944年止，铁道大队和兄弟部队互相配合，先后护送刘少奇、陈毅、萧华、陈光、朱瑞等过往干部、爱国人士等千余人，从未出过差错，受到中央军委的嘉奖和领导同志的多次表扬。陈光、罗荣桓、萧华、黎玉曾联合致电铁道大队和其他参加护送的部队："你们像一把尖刀插在敌人心脏，用你们的勇敢和智慧，在星罗棋布的据点中，趟出一条通往延安的坦途，保证了南北交通的畅通……。"

　　铁道大队在主要完成护送干部任务的同时，还进行了一系列打击日伪军的战斗，较大的有端掉柏山伪军据点、阻击顽九十二军入鲁等战斗。在袭击柏山据点返回途中遭敌包围，6名队员壮烈牺牲。

　　在刘少奇过路后，鲁南军区根据刘少奇过路时的指示，将活动在微山湖地区的几支部队合编为独立支队，铁道大队被编为二大队，对外仍称鲁南铁道大队，大队领导人未变。1943年5月，杜季伟调党校学习，文立正、杨广立、赵若华先后任政委。

　　进入1944年，日军苟延残喘，抗战胜利在即，共产党领导的八路军转入攻势，相继发动了强大的春夏秋攻势，歼灭了大量日伪军，解放区进一步巩固和扩大。津浦铁路东西两侧及微山湖地区的

抗日根据地已基本连成一片。为适应斗争形势的需要，鲁南军区决定撤销独立支队番号，在此基础上组建鲁南二军分区，军分区司令员贾耀祥、政治委员张雄。原鲁南铁道大队4个长枪中队，3个短枪中队(约600余人)，和微湖大队、文峰大队等合并组建鲁南二军分区。

留下50人编为长、短枪各一个中队，同时恢复鲁南铁道大队番号，原大队政委赵若华调离，支队政委张鸿仪改任铁道大队政委，调原鲁南军区第一武工队长郑惕任副政委，正副大队长仍由刘金山、王志胜担任。大队部机构逐渐得以健全。

同年10月，鲁南区党委在大邵庄城市工作会议上决定成立3个铁路工委，隶属鲁南区党委城工部。张鸿仪兼任第三工委书记，郑惕、刘金山、冯克玉、马仲川为委员。

这时铁道大队的中心任务亦由护送干部过路逐渐转为配合主力部队作战。先后进行了湖边反顽战斗、增援运河支队战斗、反击湖西顽军胡介藩部和韩继尧部战斗、程子庙战斗、高庄战斗、奇袭临城伪区部战斗和攻克赵坡战斗等，又对津浦铁路展开大规模的破袭战，搞得敌人焦头烂额。什么"三角部队"、剔抉战术、"爱路村"、"宣抚班"，在铁道大队面前均一一破产。

日军只好乞求谈判求和。这在中国抗战史上还是仅有的。在谈判桌上，张鸿仪、郑惕义正词严，日军头目平野只好灰溜溜地走了，落了个与战场上同样失败的下场。但敌人并不甘心，此后，又组建了专门对付铁道大队的特务部队。铁道大队经过多次侦察，摸清了特务部队的活动规律后将其打垮，特务头子渡边一郎被击毙。

1945年6月，铁道大队再一次进山整训，出山途经滕峄边龙山头一带宿营时，突然遭日伪军2000余人包围，政委张鸿仪在掩护部队突围后撤退时负伤而牺牲。副政委郑惕继任政委。

1945年8月15日，日本宣布无条件投降，中国人民经过8年浴血奋战，终于取得抗战胜利。铁道大队根据朱德总司令发布的要求各解放区迅速解除日伪武装，限期日军缴械投降的命令，立即行动起来，迫使日军向我投降。铁道大队在临城区委协助下，动员近千员群众连夜将后张阿至三孔桥的一段铁路扒毁，使日军列车翻倒，交通中断。紧接着向徐州推进。鲁南抗日武装准备接管徐州，郑惕也奉命率部准备接管徐州火车站。新四军十九旅入鲁后，铁道大队奉命配合解放了沙沟镇，俘敌副

团长以下400余人，缴获轻机枪20余挺、步枪200余支，接着又攻克姬庄敌据点，毙俘伪军70余人。

1945年10月，铁道大队对集结沙沟一带拒绝向我军投降的日军装甲列车部队进行迫降。他们破坏了部分铁路，以防日军逃跑。郑惕、刘金山深入虎穴同敌谈判，迫使临城日军和沙沟附近的日军投降。此次受降，共缴日军轻重机枪130挺，步枪、手枪、掷弹筒1440支，山炮2门，子弹百余箱和其他物资一大批。

1946年3月，胜利完成抗日使命的铁道大队奉命撤销。所属3个长枪队和一个短枪队大部编入鲁南军区特务营，少部分编入鲁南铁路局警卫连。郑惕任特派员兼充徐段段长，王志胜任工会主任，部分骨干队员任各站站长。

1946年8月，国民党军队大举进攻，为配合主力作战，鲁南军区又调集原铁道大队部分骨干重新组建了有190人的鲁南铁道大队，刘金山任大队长，蒋得功任政委。新成立的鲁南铁道大队配合山东野战军同国民党军队展开了英勇的斗争。11月，番号再次撤销，编入主力部队。

这支英雄的部队，在敌人心脏坚持抗战6年多，取得了一个又一个胜利，创造了不可磨灭的战斗业绩。她对中国人民抗日战争胜利的贡献是多方面的，首先，她创造了铁道游击战这种特殊的抗日游击战模式，显示了中国人民对敌斗争的聪明智慧；其次，她创造了以少胜多、以弱胜强的光辉战例，在强大的敌人面前，他们是弱小的，但却打得敌人魂飞胆丧，充分显示了英勇、机智和顽强；第三，她活动在敌人的心脏，不仅消灭敌人的有生力量，更重要的是破坏敌之交通，夺取敌之军用物资，在战略上起到的作用更大；第四，她开辟和保护的华东通往延安的秘密交通线，为党和人民作出了特殊的贡献。

鲁南铁道大队在长期的艰苦斗争中创造了丰富的经验。除了军事上的经验外，从大的方面看，一是中国共产党的领导是抗日武装发展壮大的保证。上级党组织不仅给铁道大队派来了许多党务领导干部和军事领导干部，还不断给予各方面的指导，多次调他们进入根据地休整，从而保证了这支部队健康成长。二是人民群众的支持是胜利之本。这支部队主要是枣庄地区人民的子弟，这里的广大群众不顾身家性命掩护他们，为他们传送情报，配合战斗，提供食宿，如果没有"冯老头"和"芳林嫂"们的支持，他们能存在和战斗在敌人眼皮底下是不可想象的。

抗日战争时期鲁南地理要图

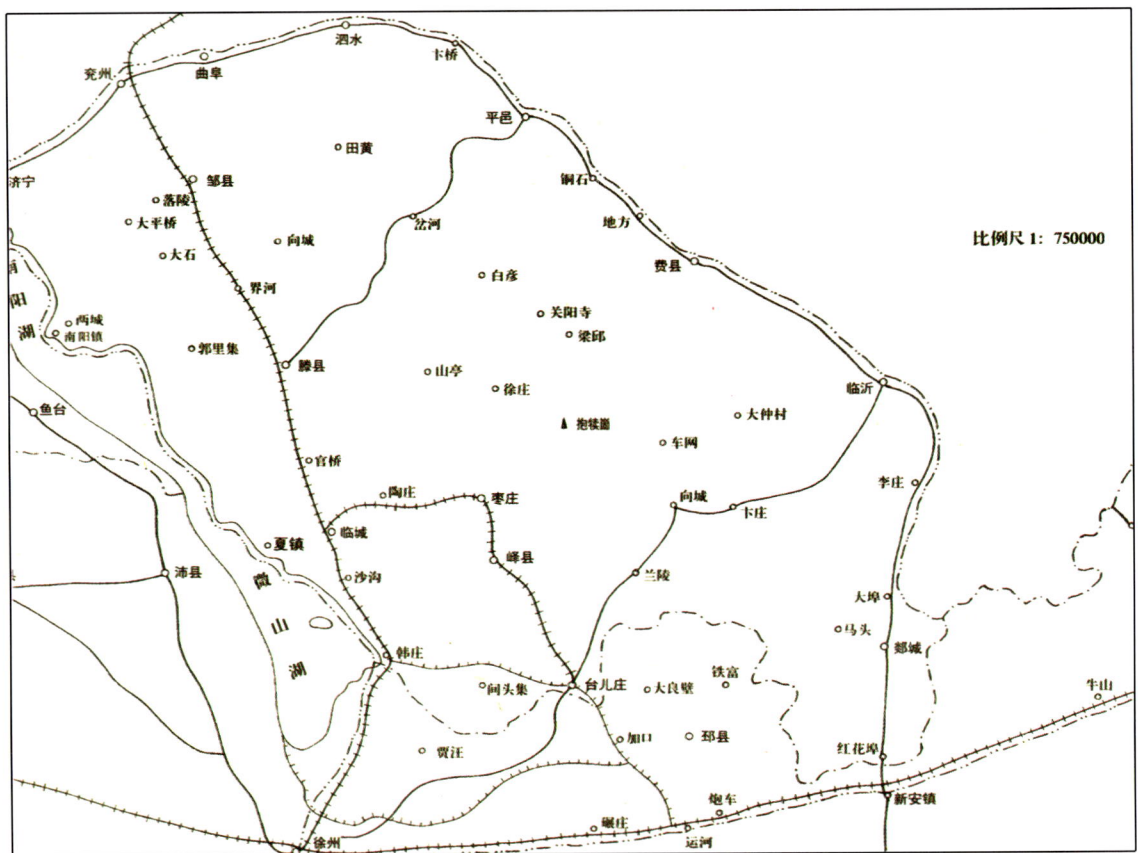

比例尺 1:750000

引子 YINZI

铁道游击队图史

　　卢沟桥畔一声枪响，中国人民开始了被蹂躏的屈辱历史，也开始了中华民族同仇敌忾、万众一心，抗击日军侵略的悲壮历程。日军所到之处，烧杀抢掠，无恶不作，生灵涂炭，尸横遍野。中华民族到了最危险的时刻。不屈的民族英雄儿女纷纷拿起武器，开展抗日武装斗争。平型关战役、台儿庄战役等是中国军队在正面战场同敌人的血战，铁道战、地雷战、地道战则陷敌于人民战争的汪洋大海。中华民族在血与火的救亡斗争中涌动出杀敌报国的热潮。

战火燃中华

1840年鸦片战争以来，中国逐步沦为半封建半殖民地社会，内乱不止，民不聊生，成为帝国主义列强瓜分的猎物。

20世纪30年代，第一次世界大战后走上法西斯主义道路的德、意、日三国企图重新瓜分世界，先后结为法西斯同盟，成为欧洲和亚洲战争的策源地。日本帝国主义妄图独霸中国，以"大东亚共荣"为借口，制造了一系列挑衅事件。1931年9月18日，制造了骇人听闻的"九·一八"事变，炮轰和占领了沈阳，东北迅速成为日本帝国主义的殖民地。法西斯的暴行，使东北变成了人间地狱，亡国奴生活的悲惨、丧失主权的屈辱刺痛了全国人民的心。但是以蒋介石为首的国民党政府，却寄希望于国际舆论，坚持"安内攘外"的方针，致使日本侵略者得陇望蜀，把侵略的"魔爪"伸向关内。1933年，山海关失守，华北面临变成第二个满洲国的危险。"秦土条约"，"何梅协定"之后，华北门户洞开，日本大举进兵中原的条件已成熟。

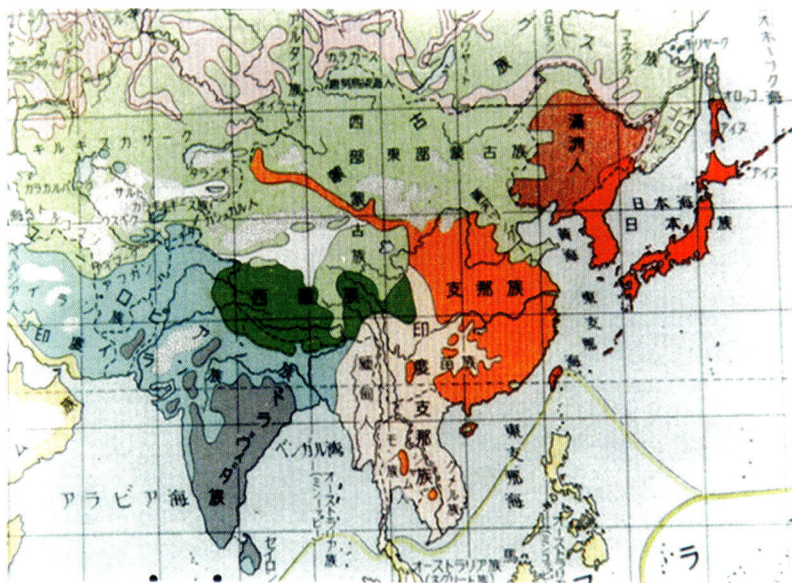

■日本统治地图株式会社发行的《大东亚共荣圈民族分布图》

1894年9月，日本在明治天皇主持下，为讨论侵略中国的甲午战争而举行的广岛本营御前会议。

1931年9月18日，驻沈阳的日本关东军故意炸毁中国东北南满铁路的一段路轨，反诬中国军队所为，并炮轰沈阳，突然向沈阳北大营的中国军队发动进攻，进而侵占东北三省，这一天成为日军侵华战争的发端。

　　1937年7月7日，日本军队借口日军士兵走失，悍然向中国军队开枪，发动了卢沟桥事变，大肆侵略中华大好河山，从此中国大地便陷入日本帝国主义侵略的水深火热之中，日军推行惨无人道的"三光"政策，烧杀抢掠，无恶不作，所到之处尸横遍地，民不聊生。

日军对我国华北觊觎已久，一手挑起"卢沟桥事变"。

华北形势突变
日军炮轰宛平县城

1940年6月28日，86架日军飞机对重庆进行了3个多小时大轰炸，造成防空洞大窒息惨案，死亡1万余人。

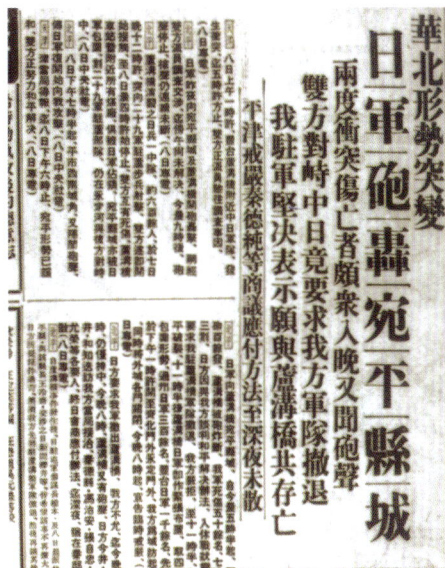

日军屠杀中国士兵

同仇敌忾抗外侮

日军大举入侵，中华民族处于生死存亡的紧急关头。中共中央通电全国，倡导建立抗日民族统一战线，很快成为中国人民的一面旗帜。国民党也发表了《对卢沟桥事变之严正声明》，国共两党达成共识，摒弃前嫌，终止内战，共赴国难。全国人民同仇敌忾，万众一心，抗日怒涛席卷神州大地。

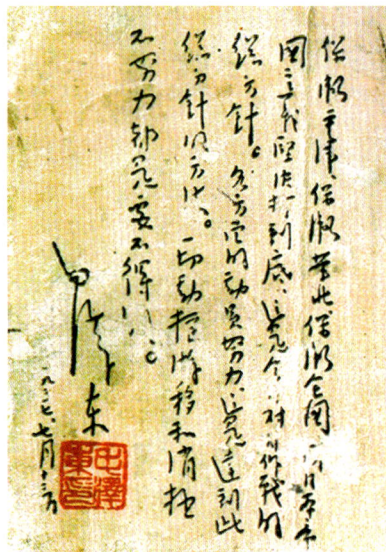

1937年7月7日卢沟桥事变爆发。上图是事变后第6天(7月13日)毛泽东的题词。

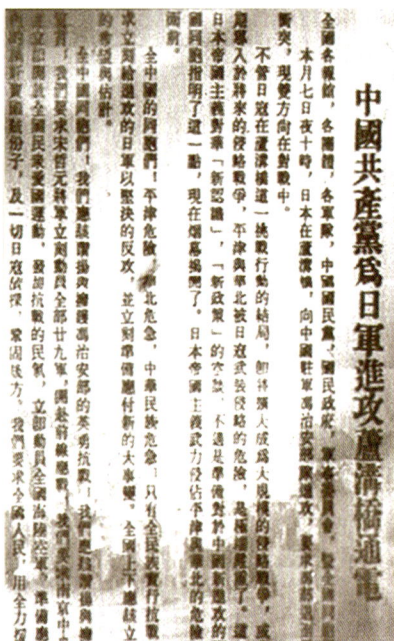

中共中央七月八日发表声明

1937年7月17日，国共两党在庐山举行合作抗战谈判。上图是蒋介石(左一)、周恩来(左四)等步出会场。

抗日战场威声振

　　随着敌后抗日游击战争的发展，中国抗日战争逐渐形成战略上互相配合的两个战场，一个是主要由国民党军队担负的正面战场，一个是以共产党领导的敌后战场。国民党军队先后进行了平津、淞沪、忻口、徐州及保卫武汉等战役，并取得了台儿庄战役的胜利。共产党领导的八路军、新四军直接在战役上配合国民党军队作战。1937年9月25日，八路军一一五师主力在平型关附近伏击日军1000余人，击毁汽车100余辆，取得抗战以来中国军队第一次大胜利，粉碎了日军不可战胜的神话，极大地振奋了全国军民的精神和抗战信心。

山东八路军对日伪开展攻势作战

1937年9月25日，八路军115师在平型关伏击日军，歼灭日军第5师第21旅团1000余人。

在台儿庄大战中，中国军队发起攻击

弹起我心爱的土琵琶

[影片《铁道游击队》插曲]　　　　　芦　芒　词
（佚　名　演唱）　　　　　　　吕其明　曲

1=G 4/4 2/4

民歌风

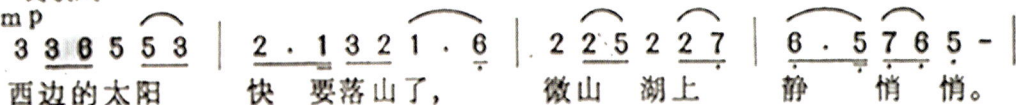

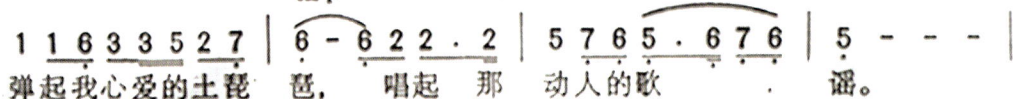

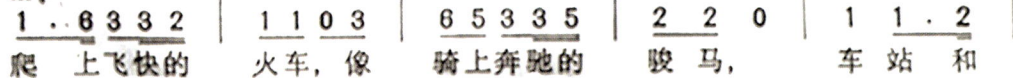

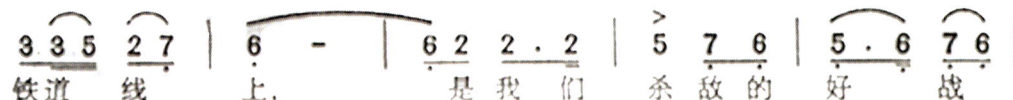

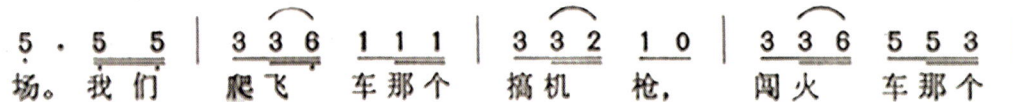

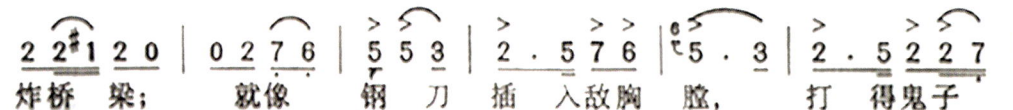

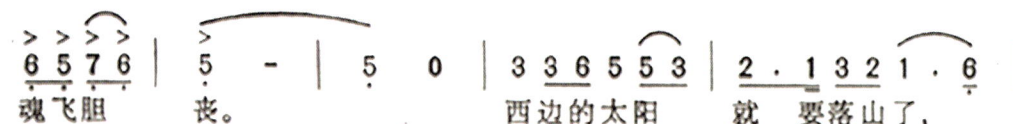

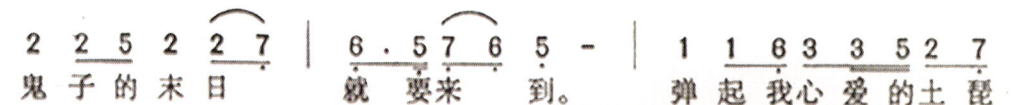

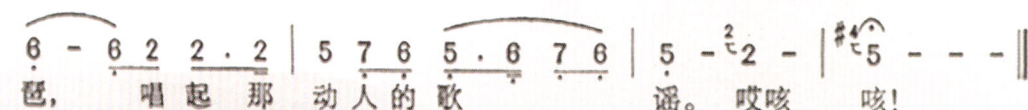

战 史 Zhanshi

铁道游击队图史

　　英雄的枣庄儿女，在民族危亡之际，怒火胸中烧，仇恨冲霄汉。在中国共产党领导下纷纷投入抗日的洪流，与敌人展开殊死的斗争。铁道游击队便是在抗日烽火中诞生的抗日武装之一。她从正式建队到解放战争初期被撤销，近七年的浴血抗战史，充分展示了英勇和无畏、机智和顽强。一次次惊险的战斗，一次次颠覆敌人的列车，都使得敌人魂飞魄散。她还和兄弟部队密切配合，开辟和保护华东经鲁南通往延安的秘密交通线，安全护送刘少奇、陈毅等大批过往干部。铁道游击队为中国抗日战争的胜利谱写了一曲曲"动人的歌谣"。

中华民族新兴工业重地——枣庄

枣庄地处鲁南，是山东的南大门、军事重镇徐州的北部门户。北部为抱犊崮山区，是沂蒙山区的一部分。枣庄盛产煤炭，以煤城著称；交通方便，大运河和津浦铁路贯穿南北，与津浦线的临城（薛城）、陇海线的赵墩有铁路支线相接。

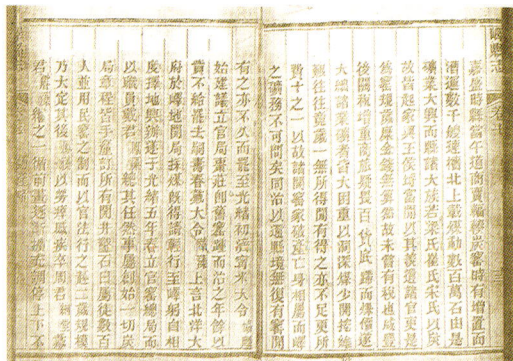

清《峄县志》记载枣庄煤业大兴的繁忙景象

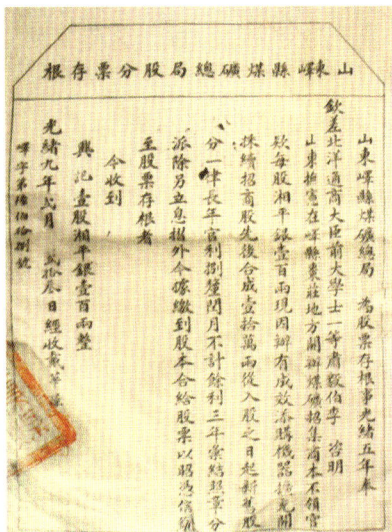

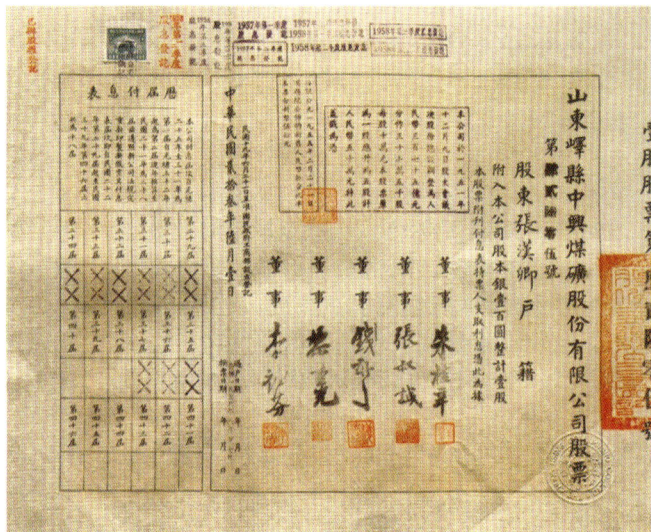

我国历史上第一张股票
中兴公司发行了我国历史上的第一张股票，李鸿章、张之洞、徐世昌、黎元洪、张作霖、张学良都曾是中兴公司的大股东。图为第一张股票存根和张学良的股票

始建于明代的枣庄清真寺

山东第一条商办台枣铁路1912年建成通车

1913年，第一大井建成投产

枣庄中兴公司旧址（上、下）

日军占领枣庄

日军侵占华北后，国民党山东省主席韩复榘不战而逃。日军越过黄河天险，长驱直入。1937年农历8月14日，日军派遣12架飞机轰炸枣庄、峄县城。1938年3月18日下午4点，日军4辆坦克突袭枣庄西火车站，日军从西门入城，占领枣庄，实行血腥的法西斯统治，对无辜群众进行疯狂的屠杀，制造了一系列惨案。霸占枣庄煤矿，进行疯狂掠夺，采取了惨无人道的"以人换煤"的法西斯政策，在7年零4个月里，用6000多人的生命，换取了1330多万吨煤炭运往日本。修建大兵营，驻扎日军一个大队，还有宪兵队、剿共班、警察局、矿警队等反动武装组织，残酷镇压杀害枣庄人民，血债累累罄竹难书。据不完全统计，日军侵占枣庄的7年多时间里，有15800余人惨遭杀害，万余间房屋被毁，5000余头牲畜、1750余万斤粮食被掠走。

枣庄大兵营日军碉堡

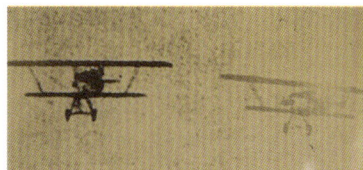

侵枣日军

日军占领枣庄

日军在枣庄制造惨案

被日军轰炸过的枣庄矿区

过车门遗址

被日军轰炸过的枣庄矿区

枣庄党组织领导抗战

中国共产党及其领导的武装力量，是抗日战争的中流砥柱，她高举爱国主义的伟大旗帜，不但坚持了敌后战场的作战，而且通过艰苦努力，倡导并建立了全国抗日民族统一战线，团结亿万人民投身到抗日的洪流中。

以郭子化为首的中共枣庄地方组织——中共苏鲁豫皖边区特委，遵照中央指示，积极组织和领导了枣庄地区的抗日斗争，给敌人以有力打击。

早在"九·一八"事变后，枣庄党组织就积极组织枣庄各界群众成立抗日救援会，开展抗日救亡运动。共产党员张鸿仪组织抗日宣传队深入矿区、街道、农村，宣传党的抗日主张，揭露日军暴行，激发群众的抗日热情，在群众中掀起抗日救亡运动的高潮。

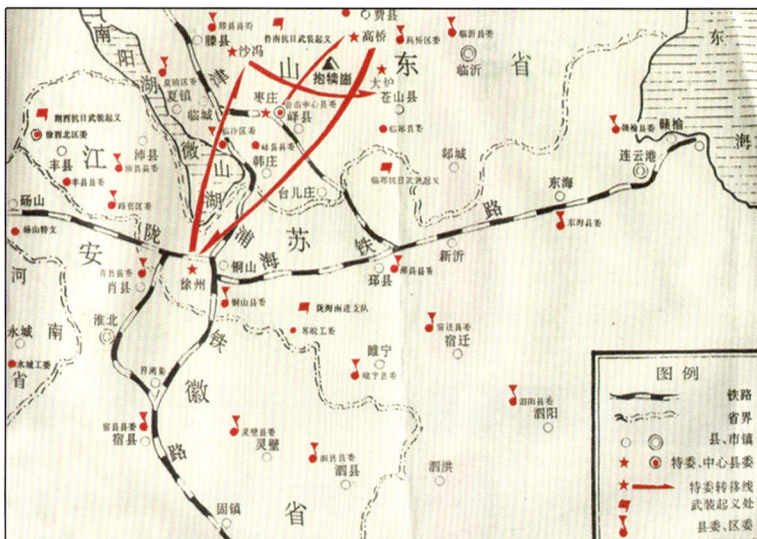

郭子化

郭子化（1896-1975）名帮清，字子化。江苏省邳县占城乡郭宋庄人。1926年10月加入中国共产党。苏鲁边区临时特委书记、山东分局统战部部长、"七大"代表、华东中央局和山东省政府委员兼省府秘书长、济南特别市市长、山东省政府副主席和代理主席、卫生部副部长。1975年2月23日，在北京逝世。

中共苏鲁豫皖边区特委活动图（1935年2月-1938年8月）

共产党员张鸿仪组织抗日宣传队到街头宣传

特委机关旧址——枣庄"同春堂药店"

组建抗日武装

　　"七·七"事变后，特委积极组建了数支秘密武装，为日后抗日武装起义奠定了基础。枣庄沦陷前夕，为加强对枣庄地区党的领导，特委成立了以宋子成为书记的鲁南中心县委，组织枣庄地区的抗日斗争。

　　日军占领枣庄后，特委根据中央指示，将峄县、枣庄、沛县、滕县等地的抗日武装集中到滕峄边山区的墓山一带，于1938年5月21日举行抗日武装起义。特委在老古泉村（现山亭区西集镇）召开扩大会议，成立"第五战区游击总指挥部苏鲁民众抗日义勇队"（后湖西抗日武装起义，该队改称第一总队，湖西起义武装称第二总队，为国民党番号），总队下辖三个中队和一个警卫连，共800余人，张光中任总队长，何一萍任政委，韩文一任参谋长，孙俊才任政治部主任。总队建立后，积极打击日军。经过反顽后转移到抱犊崮地区开辟抗日根据地。1938年12月，八路军山东纵队成立，总队列入山东纵队序列，1939年9月，八路军一一五师进入鲁南，总队改编为苏鲁支队，划归一一五师建制。

张光中

张光中（1901-1984）原名张心亭，字耀华、江苏省沛县宋庄人。1931年7月加入中国共产党。历任苏鲁边区临时特委委员、沛县县委书记、苏鲁人民抗日义勇总队总队长、苏鲁支队支队长、鲁南军区司令、鲁中南军区副司令、徐州警备区司令兼徐州市市长、市委副书记，江苏省人民检察院检察长，省政协副主席等职。1984年病逝。

一一五师部份官兵在抱犊崮合影

第一总队在南塘办公旧址

职别		姓名	说明
支队长		张光中	1、张光中于一九四〇年十二月任鲁南军区司令。
副支队长		宋鲁泉	
		吴世安	
政委		李乐平	
		彭嘉庆	
司令部	参谋长	胡云生	2、政委彭嘉庆、参谋长胡云生是由一一五师调来，于一九四〇年一月到职工作。
	副参谋长	阎超	
政治部	主任	方奕生	
		李荆山	
	副主任	王根培	3、副支队长吴世安、政治部副主任王根培原任一一五师特务团团长、政委。
	组织科长	魏湘江	
	宣传科长	沈春光	
	敌工科长	杨斯德	
	保卫科长	巩维明	
	民运科长	渠维瑛	
后勤部	部长	刘炳文	
	副部长		
一营	营长	刘清如	
		万国华	
	教导员	司中峰	
		刘清如	4、孙继德原由义勇队部遣到敌人内部做瓦解工作，一九三九年八月夜随峄县城后队撤出任卫营长。
二营	营长	石世良	
	副营长	彭世昌	
	教导员	杨广立	
		郎雨民	
三营	营长	刘景镇	
	教导员	张洪仪	
警卫	营长	孙继德	
	教导员	盛玉春	

苏鲁支队领导机构图

建立枣庄情报站

　　根据抗日斗争的需要，更好地开展枣庄敌占区的工作，总队长张光中抽调第三大队三连一排排长洪振海、三排排长王志胜，经过短期训练后，派回枣庄，利用二人人地两熟的有利条件，建立抗日情报站。主要任务是侦察敌情，配合山区斗争，秘密发展武装。

　　洪振海、王志胜于1938年10月5日离开总队回到了他们的老家——枣庄火车站西北侧的陈庄，设立了情报站。洪振海以经销煤炭作为掩护，王志胜托关系打入了日本人在枣庄火车站开办的以经商为名、实为日特机关的"正泰国际公司"（群众称"洋行"），以干搬运工掩护。他们一边搜集情报，一边发展情报人员，不长时间便发展了数名正式情报员和几十名外围人员，将侦察到的敌情通过住在小屯的峄县二区区委书记兼交通员的刘景松送到山里，不仅使敌人的扫荡落空，还能使山里部队半路伏击日伪军。情报站已像一把钢刀插入敌人胸膛。

情报站站长洪振海

洪振海当年使用的手枪。现存于山东省博物馆。

铁道游击队诞生地小陈庄（位于枣庄市中区胜利西路与长乐路交界处）

情报站副站长王志胜

抗日情报站遗址

王志胜当年使用的手枪和子弹袋。现存于北京军事博物馆。

枣庄火车站老街

夜袭洋行

洋行正门

情报站在做好情报工作的同时，还找准时机打击敌人。第一次漂亮仗是夜袭洋行。洋行里面有三名日特，称大掌柜、二掌柜、三掌柜。1939年春夏之交，洪、王二人又联系国民党地方武装司令梁继璐的警卫员宋世久，3人仅凭一条短枪和每人一把大刀于一天夜里悄悄摸进洋行，洪振海、宋世久用大刀将大、二掌柜砍死，惊醒的三掌柜用被蒙头哇哇乱叫，情急之下，王志胜叭叭给了他两枪。洪振海他们缴获一支长枪和一支短枪并迅速撤离。由于匣枪声音小，又在屋里面，附近站台上的日伪军并未发觉。第二天早晨，王志胜像没事人一样照常上班，到洋行看个究竟，发现三掌柜并未被打死，便假装惊慌地打电话报告宪兵队送三掌柜往医院。王志胜这一招不仅没暴露自己，反而骗得了三掌柜的信任。情报站小试牛刀，便旗开得胜，从而增强了战斗的信心。

现位于枣庄火车站货场东门路南50米处洋行

三十年代枣庄镇略图

枣庄老火车站（资料）

飞车劫枪弹

1939年9月,陈光代师长、罗荣桓政委率一一五师主力一部抵达鲁南,在临沂大炉同总队(此时改称张里元的保安二旅十九团)会师。不久,总队改称的二旅十九团的番号撤销,公开打出八路军苏鲁支队旗号,在一一五师的领导下,为巩固和开辟鲁南抗日根据地而南征北战。1939年11月在峄县王家湾(现山亭区徐庄镇)召开大会,选举一一五师民运部长潘振武为峄县抗日民主政府县长。

当年10月,苏鲁支队指示情报站搞一批军火支援部队。一天,王志胜在车站装货物时发现武器,在装车时有意把枪支放在车厢门口,并在车门上做了记号。报告洪振海后,二人商定了计划。王志胜与司机将开车时间拖到晚间九点。火车从枣庄站开出后,洪振海和曹德全飞身跃上奔驰的火车。当火车开到王沟村附近时,洪振海打开车门,将两挺机枪、十二支大盖枪和两箱子弹掀了下去。将这些武器运往蔡庄暂时放在赵永泉家的地瓜窖里,并及时报告苏鲁支队。支队派一个连将武器弹药运走。为表彰他们,部队首长奖励他们手枪一支。

鲁南铁道大队飞车搞敌物资时,经常使用的剪子股。现存于中国人民革命军事博物馆。

潘振武(1908-1988),湖南省常德县人。1926年参加共青团。1927年参加秋收暴动。1930年7月参加红军,同年加入中国共产党。历任红一军团政治部敌工科科长,八路军一一五师民运部部长,峄县县长,鲁南军区政治部主任,中共七大代表,鲁中南军区后勤部政委,驻苏大使馆武官,武汉军区副政委,湖北省委书记,武汉军区顾问等职。1955年9月被授予少将军衔。1988年病逝。

枣庄火车站库房

铁道队为掩护身份开办的义合炭栈（电视剧画面）

炭场使用的秤等物品

开办炭场

到1939年11月，情报站已发展赵连有、徐广田、李荣兰、王志曾、曹德全等8人。苏鲁支队首长根据情报站的情况及时作出指示：组织起来，注意发展基本队员，逐渐扩大；尽快着手职业掩护和武装起来。洪振海、王志胜经过研究，决定开办炭场，取名"义和"。经过紧张筹备，"义和炭场"在陈庄隆重开业，洪振海任经理，王志胜任副经理，情报站的徐广田等全部参加，号称"八大股"。先是经营煤炭，后来还搞煤炭加工——烧焦。由于质优价廉，生意红红火火，人员进进出出，好不热闹，利润也很大，除了上交支队和自己花销外，还买了2支短枪。炭场的开办，不仅把原来分散的情报站人员组织起来，而且筹集了资金，情报活动有了职业掩护。

炭场遗址

枣庄铁道队成立

1940年初，苏鲁支队指示情报站"迅速组建抗日武装"，洪振海随即在情报站的基础上建立了取名"枣庄铁道队"的小型秘密抗日武装。公推洪振海为队长，王志胜、赵连有为副队长，并及时报告苏鲁支队，请求派党代表来。建队之后，王志胜经批准辞掉洋行差使归队，又秘密吸收了几名队员。在10余名队员中，有开火车、扳道叉、打旗的铁路工人，有中兴煤矿失业工人和城市贫民子弟。他们既有自幼练成的爬火车的高超本领和重义气、为朋友的豪爽性格，又有一些不良习气。这时的铁道队，全凭洪振海的个人威望，实行家长式领导。

铁道队政委杜季伟

棗莊情报站洪振海、王志勝：

　　報告收悉，一年來，你們在對日寇鬥爭中作出可喜的成績。

　　經研究，你們可立即成立鐵道隊，隸屬蘇魯支隊建制。

　　特命如下，杜季偉爲政治委員，洪振海爲隊長，王志勝、趙連有爲副隊長。

　　此令

　　　　　　蘇魯支隊司令員張光中
　　　　　　政治委員李樂平
　　　　　　參謀長胡雲生
　　　　　　政治部主任李荆山
　　　　　　1940年1月25日

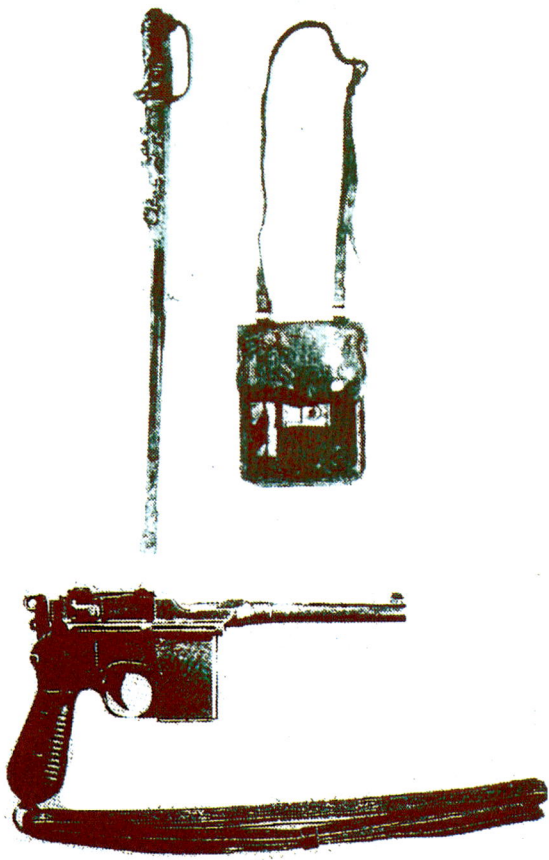

杜季伟使用的枪和文件包

正式建队和建立党组织

根据洪振海等人的请求，为了加强党对枣庄铁道队的领导，1940年2月，苏鲁支队派遣二大队副教导员杜季伟携带支队命令，乔装打扮由刘景松带领来到枣庄铁道队，受到了铁道队的热烈欢迎。当天晚上，洪振海把队员召集起来，杜季伟宣布了支队命令：枣庄铁道队正式命名为鲁南铁道队，队长洪振海，副队长王志胜、赵连有，政委杜季伟，全队11人，编为两个小组。他们仍以炭场作掩护，洪振海、王志胜对外称正副经理，杜季伟化名刘鹤亭接替原会计赵永泉任管账先生。正式建队不久，杜季伟通过培养、考察，发展了王志胜、赵永泉、徐广田、曹德清等人加入中国共产党，并建立了党支部，杜季伟任书记。党支部的建立，标志着党对这支部队的领导作用进一步加强，为部队的发展奠定了坚实的基础。在党组织的领导下，这支部队将进入一个新的发展时期。

1940年4月，铁道队已发展队员15人，杜季伟抽调7人，在小屯举办了培训班，参训队员通过军政训练，提高了抗日斗争觉悟和组织纪律性，素质得到提高。

正式建队后，鲁南铁道队的活动是极其秘密的，队员与外围人员的任务都由队长洪振海安排，不发生横向联系。凡获得情报都及时送往山里根据地，从火车上搞到的军用品及根据地急需品也及时上交，其他物资则变卖用于购买子弹、活动经费和奖励队员。杜季伟通过个别谈心做了大量思想政治工作。部队士气旺盛，并不断发展，正式队员达到30余名，且表现了坚强的斗争意志。

受　　训

培训班使用过的木桌、灯等

炭场被封　公开旗号

　　鲁南铁道队创建以后，通过开办炭场解决了大批活动经费，又以此为职业掩护获取和送往抱犊崮山区抗日根据地大量情报，使日伪军多次扫荡均以失败告终。日伪军派遣特务对可疑人员进行搜查，并逐渐怀疑到炭场上来。由于他们采取了严格的防范措施，敌人的阴谋一直未能得逞。1940年5月初，因一名李姓队员无意中泄密，3名李姓队员被抓，其中一名被敌人的狼狗活活咬死，另两名被咬伤后在群众的掩护下逃出虎口。但由于这三名队员巧妙周旋，为铁道队转移争取了时间。

　　炭场被查抄后，铁道队被迫转移到陈庄西北的齐村，经苏鲁支队批准，公开打出八路军鲁南铁道队的旗号，活动在临枣铁路沿线的齐村、蔡庄、小屯一带。

王沟车站遗址

炭场被封

铁道游击队战斗遗址——齐村、古桥

血染洋行

　　撤离枣庄后，鲁南铁道队在队长洪振海、政委杜季伟的率领下，在临（城）枣（庄）铁路线上同敌人展开顽强的斗争。白天化整为零，分散隐蔽，夜晚则集中行动，袭扰敌人。30多名队员，个个都是英雄好汉，敢打敢拼，无私无畏。枣庄的情报工作仍然正常开展。不久，副队长赵连有在奉命回枣庄取情报时，不幸被捕，并遭残酷拷打，后下落不明。一天，他们从枣庄送来的情报获悉，敌人要对山里进行"扫荡"，为配合山里反"扫荡"，打击敌人的嚣张气焰，他们决定再次袭击洋行。行动前，一面派杜季伟向支队汇报，一面派王志胜回枣庄侦察，摸清敌情后，洪振海等制订了行动方案。为不失时机，未等杜季伟回来，他们便组织行动。把32名队员分成5个战斗小组。白天先抵达齐村隐蔽，待夜深人静时抵近洋行。

在南墙挖开一洞，4个组每组4人，从洞内钻进院内，由王志胜指挥，洪振海带一个组在外负责掩护接应。4个小组分头行动，将住在4间房子里的敌人全部干掉。在准备撤离时，枣庄火车站的日军警备队发觉，拉起警报，探照灯把洋行照得雪亮，日军向洋行靠拢过来。情况危急，洪振海急中生智，命队员将洋行大门门锁砸开，队员们冲出洋行，在敌到达之前安全撤离。此次袭击洋行，毙日特13名、翻译一名，缴获长短枪6支和其他战利品一宗。此次亦称第二次血染洋行，是正式建队后的第一个漂亮仗，极大地鼓舞了队员的士气，使敌人受到一次沉重打击。

被挖洞的洋行后墙

枣庄火车站日军宪兵队部旧址

奇袭敌票车

　　1940年6月，在奇袭洋行胜利的鼓舞下，铁道队又用奇袭的方式，成功地打了敌人的一次票车（客运火车），有力地配合了山区抗日根据地的反"扫荡"，打击了敌人，牵制了敌兵力。他们先派12名队员分别化装成商贩、工人、农民，暗藏武器，携带兰陵美酒、烧鸡、红烧牛肉等菜肴，从枣（庄）赵（墩）铁路线的峄县等车站上车。火车运行后，日伪军见到好吃的东西便围上来，队员们也非常热情大方地"慰劳"皇军。客车开过枣庄站后，敌人已喝得酩酊大醉，洪振海、李云生等趁机跃上火车头，将司机捆住，亲自驾驶，加足马力。火车一过王沟，猛然刹车。早已埋伏在这里的王志胜带领的20名短枪队员也趁车速放慢跃上火车。洪振海拉响汽笛，队员们几乎同时开枪，将押车的敌人全部击毙。战斗仅10多分钟，共毙敌12人，缴获长短枪12支和伪钞8万元等战利品。此战，铁道队大显神威，敌人大为恐慌和震惊。从此铁道队的神奇故事广泛传播开来。

台儿庄火车站

打票车遗址

八路军铁道大队智毁敌寇火车

　　（峄县通讯） 我八路军×支队所属铁道大队，顷由洪振海队长率领，混入由峄县城开往临城之火车上，到峄县枣庄时，即将司机捆住，由洪队长开火车，至齐村西我伏击圈内，将车停住。一时枪声大作，车上敌人闻毛猴子（八路军）到来，企图逃窜，我即予以截击，将敌警备司令以下20余人全部击毙。最后将火车炸毁。

（原载《大众日报》1940年8月7日一版）

乘胜出击

奇袭敌票车之后，在胜利的鼓舞下，铁道队接连出击，破袭了临枣铁路。扒掉铁轨3里多，运走枕木，破坏路基，使敌一周多不能通车。还砍断电线杆百余根，中断敌通讯，截获敌货车一列，部分货物运到抱犊崮山区抗日根据地，把没运走的分给抗日群众。

铁道队在临枣铁路线上不断取胜，鼓舞了枣庄地区群众，他们积极地把自己的子弟送到铁道队，壮大了这支抗日武装。同时，敌人对铁道队的"清剿"也更加变本加厉，因而铁道队在临枣线的活动更加困难，不得不向临城方向转移。

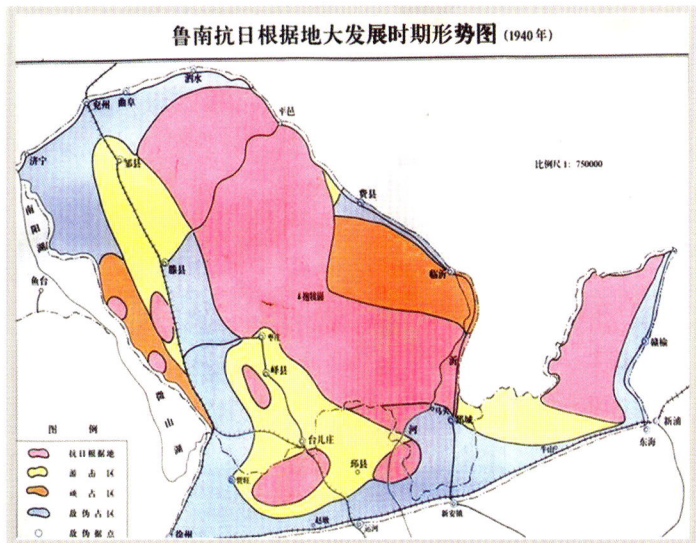

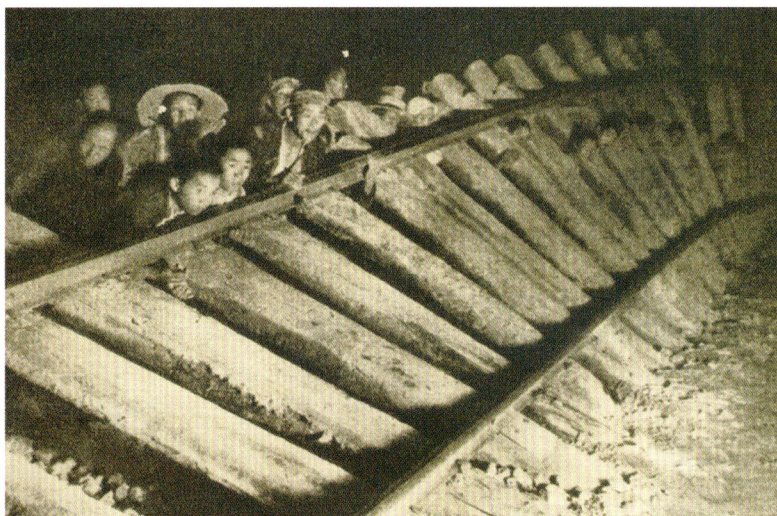

鲁南抗日根据地大发展时期形势图 (1940年)

比例尺 1：750000

图例

扒铁路（资料图片）

日军抢修铁路（资料图片）

鲁南铁道大队建立

　　除鲁南铁道队外，还有中共沛滕边县委领导的另外两支铁道队，分别以孙茂生和田广瑞为首，活动在津浦铁路临城南北段，由扒铁路为生的爱国青年组成。一开始以经济为目的，在枣庄铁道队的影响下，也称铁道队。后由沛滕边县委经过地下党员秦明道做工作收编为县委领导，并通过教育改造，提高了素质，增强了组织纪律和战斗力，在铁路线上给敌人很大打击。鲁南铁道队转移到临城一带后，经常与这两支铁道队配合行动。1940年7月，沛滕边县委在其上级五县工委书记潘复生支持下，经与杜季伟等人协商，将这两支铁道队划归鲁南铁道队领导。苏鲁支队随即命令这三支铁道队合编为鲁南铁道大队。洪振海、王志胜升任正副大队长，杜季伟任大队政委。大队下设3个中队，鲁南铁道队为一中队，徐广田任中队长；孙茂生、田广瑞（后来叛变）领导的铁道队分别为二、三中队，并任中队长。同时，他们还将临城一带的失业铁路工人和农民分别组成破袭队、掩护队，力量进一步壮大。1940年下半年，鲁南铁道大队已发展到150余人。

中队长孙茂生　　　　破袭队长华绍宽

　　1940年7月，鲁南铁道队与创建并活动在临城南北津浦铁路线上的两支铁道队在微山湖边的蒋集村合编为鲁南铁道大队，上图系大队部遗址。

潘复生

潘复生，生于1908年，山东省文登县人。又名刘克俊。1931年9月加入中国共产主义青年团，同年12月转入中国共产党。曾任文登中心县委书记，中共山东分局巡视团主任，山东分局秘书长；湖西地委书记兼分区政委；平原省委书记兼军区政委，河南省委书记兼军区政委；全国供销合作总社主任、党组书记；黑龙江省委第一书记兼军区第一政委，并任东北局书记处书记，兼任沈阳军区政委。1980年4月病故，是中国共产党第八届中央候补委员、中央委员、第九届中央委员。

临城老街

临城铁道队诞生地——彭楼

第一次进山整训

　　鲁南铁道大队成立后更加活跃，也给敌人更有力的打击。敌人停在火车站的机车，多次被铁道大队开出车站搞翻或撞毁，使货车脱轨，或摘掉几节甩下，并杀掉铁杆汉奸、特务和作恶多端的伪乡、保长。受到他们打击的敌人多次纠集兵力对铁道大队活动区域进行"扫荡"和"蚕食"，妄图一口吃掉他们。处境越来越困难。这时，铁道大队由苏鲁支队改由刚成立的鲁南军区领导。军区得知他们的处境后，立即下令将他们调到抱犊崮山区根据地进行整训，留下少数队员坚持斗争。

　　经过埠阳一个多月的整顿教育，他们的军政素质进一步提高，而且发展了一批党员，提拔了几名中队长，调整了机构，健全了组织，1940年8月初，以新的姿态返回战斗区域，投入新的战斗。

1939年8月，八路军第一纵队正式成立。
上图为纵队司令员徐向前（前排左三）、政治委员朱瑞（前排左四）与山东纵队政治委员黎玉（前排左二）等合影。

驻枣日军疯狂扫荡抗日根据地

八路军、新四军挺进敌后创建抗日根据地形势图
1937年—1940年

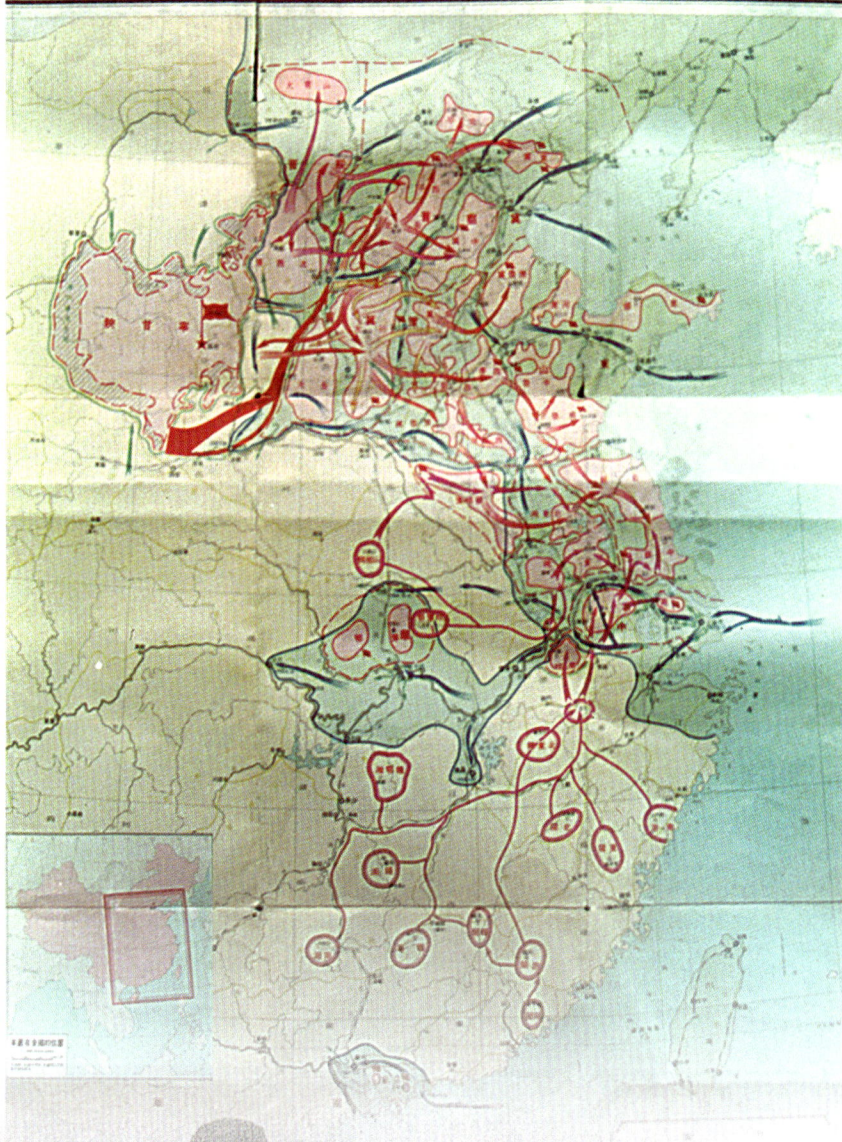

抱犊崮抗日根据地

颠覆敌列车

1940年8月，二中队队长孙茂生率领队员在津浦铁路沙沟与韩庄间巧妙地将铁轨连接处的螺栓卸掉，然后加以伪装，造成敌人列车脱轨翻车，所载坦克、大炮损毁，汽车大部报废，日军损失惨重。这是铁道大队出山后的首开战果。

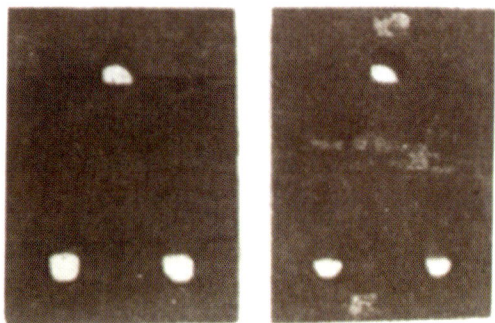

鲁南铁道大队破袭敌铁路运输时，使用的手钳和卸下的铁轨夹板（现存于山东省博物馆）。

鲁南铁道大队破袭队采用松动铁轨连接螺丝、起道钉和袭击火车头的方式，多次颠覆敌军列车，使敌交通中断。图系火车翻出路轨后的情形（现存于军事博物馆）。

断敌交通

1940年9月，根据军区"为配合山里反扫荡，要立即破袭临枣铁路及其沿途通讯设施"的指示，大队3位领导人率30多名队员，并发动沿线数百名群众，将临枣铁路铁轨扒掉3里多长，砍断电线杆100余根，使敌交通和通讯中断，迟滞了敌军行动，为山里反"扫荡"赢得了时间。同年11月，他们在沙沟与塘湖间截获敌货车，击毙押车军警，缴获大批物资。

缴获的部分日军器械

日军抢修铁路（资料图片）

日军碉堡（电光楼）

智捉敌骑兵

　　1940年9月，铁道大队通过临城地下党员徐广友，得到驻临城日军骑兵田村申树等人每天都到距火车站不远的水楼子旁边洗马的情报，便派刘金山、孟庆海、徐广田等人于一天下午事先埋伏在水楼子附近，等两名敌骑兵洗完马返回时突然跃出，将兵马俘获，并送往山里。后来，这两名日军骑兵经过教育，成为反战同盟战士，1944年被派到铁道大队工作一年多，且与铁道大队结下深厚友谊。1991年8月，当年被俘后参加铁道游击队，年已古稀的田村申树在给刘金山信中高度评价铁道大队是"包括日本人民在内的世界一切爱好和平的人们的一面辉煌旗帜"。

水塔街

俘获的日军骑兵

俘获的日军经教育后参加反战同盟

临山公园警示碑

解放日报刊登反日同盟消息

度过艰难时期

1941年初，铁道大队虽经反击也未能从根本上扭转敌强我弱的被动局面。此时活动在微山湖畔的主力部队暂时撤离，驻临城日军专门从济南搬来特务头子"中国通"高岗和杀人不眨眼的中校队长松尾对付铁道队，手段更加毒辣，经常化装成铁道队员抓捕群众，弄得群众分不清真假，使铁道队的活动受到很大限制。铁道队只好撤到野外，饿着肚子在野地里一趴就是好几天，早晨起来，满身冰碴子叮当作响，又经常和敌人打遭遇战。斗争异常艰苦，部分思想不坚定的队员有的逃回家，有的带枪投敌。

针对这种情况，铁道队一面进行了精简整编，只留不足20名队员坚持游击战，其余暂时分散。一面团结依靠群众，调动各方面抗日积极性，很快恢复了多处情报站，扩大了情报网。同时，加强对伪军政人员的分化瓦解工作，开展除奸运动，镇压作恶多端的伪乡保长、叛徒，使敌人丧失耳目，变成聋子和瞎子。铁道大队重新掌握了主动权，扭转了被动局面，原分散人员又很快归队，同敌人展开激烈的斗争。

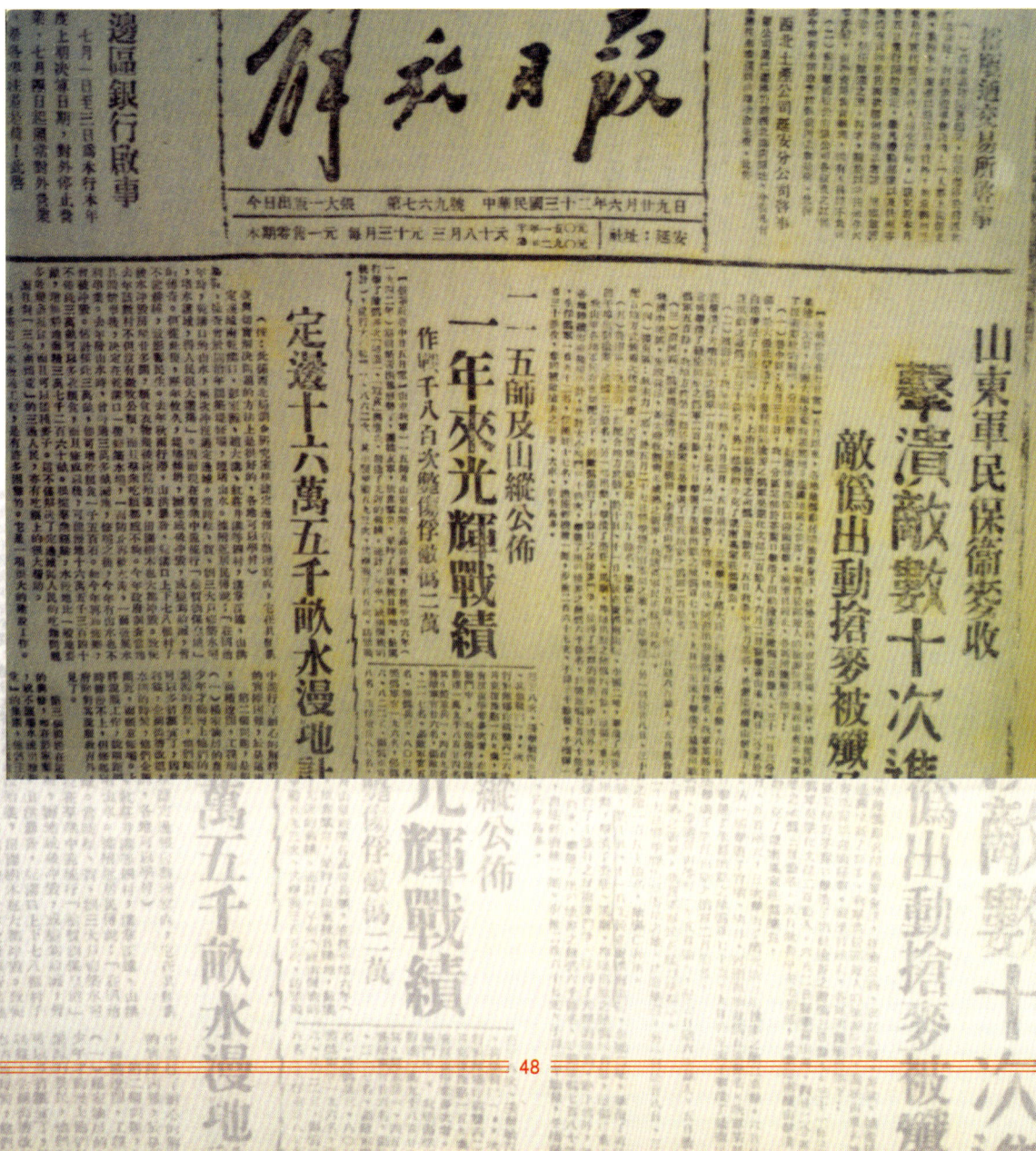

敌後抗日根據地鬥爭形勢圖
1941年—1942年

日伪加强对抗日根据地封锁，组建汉奸组织。

日军碉堡林立（资料图片）

解放微山岛

微山岛控制微山湖，易守难攻。岛上驻有伪军阎成田部一个营部和一个连100多人。根据鲁南军区"要尽快拔除微山岛伪据点"的指示，鲁南铁道大队和微湖大队领导会商决定协同作战，解放微山岛。1941年6月15日下午，杜季伟作战前动员，洪振海下达作战命令和行动方案，随即率队由蒋集出发向微山湖岸迂回，天黑后乘船接近微山岛。当晚11点，他们登上岛摸进敌营部，击毙敌营长。伪军失去指挥，乱作一团。这时，微湖大队在张新华率领下也登上该岛。两支部队一齐开火，顿时枪声大作，伪军死的死，投降的投降。不到一小时，全歼驻岛伪军，缴获步枪90余支、机枪2挺和其他战利品一宗。

待 命

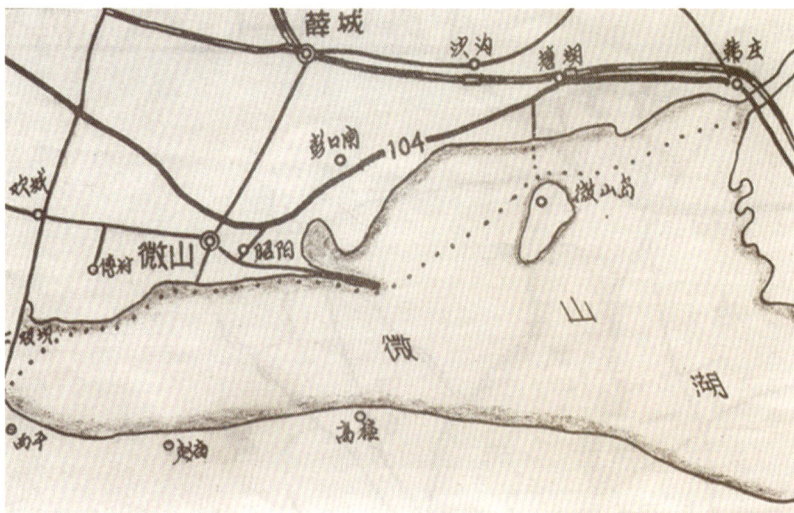

微山湖地区示意图

出击（电视剧画面）

夜袭临城火车站

临城火车站，是津浦铁路一个重要车站，由日本高级特务高岗带兵驻守，还有伪军阎成田部两个营。城内还驻有日本宪兵队。铁道大队侦察到临城日伪军下乡"扫荡"、临城空虚的情报后，决定立即袭击临城火车站。参战人员分成3个战斗小组，趁夜进入城内。第一组为王志胜、刘金山、徐广田等，化装成铁路工人混入车站，将特务头子高岗及卫兵石川击毙。第二组曹德清、孟庆海等8人，伪装成伪军潜伏车站，待第一组打响后堵住伪铁路警备队住宅大门，扔了几颗手榴弹，便迅速将敌人制服。第三组为李云生、梁继德等10余人，由洪振海、杜季伟指挥在站外打援接应，预防敌人增援。战斗仅用10多分钟便告结束，并顺利撤出，无一人伤亡。此战，毙日本特务头子高岗和卫兵石川，冲入仓库，缴获机枪2挺，长短枪30余支和大批子弹等。全胜而归的铁道队走出一二里路，才听到临城敌人的枪炮疯狂地吼叫起来。

此战不仅干净利索，战利品颇丰，而且还收到意想不到的一箭双雕效果，因为他们袭击车站是化装进行的，曹德清等人在撤离战斗现场时急中生智，将自己化装戴的伪军帽子留在现场。第二天，临城之敌专门从济南请的侦察高手，查来查去无结果，就从铁道队扔的伪军帽等物品找线索，再把阎部与高岗存有矛盾加以分析，便断定是阎部所为，遂将阎成田等人抓捕，并解除其部队武装。

临城老街

临城火车站

巧撞火车头

1941年7月的一天，徐广田到临城火车站侦察，发现停车场两辆火车头没有熄火，便与火车站地下党员徐广友等人乘敌不备跳上机车，加足马力开去。两机车进入一条道后，前面一辆在七孔桥急刹车，后面则继续加大马力然后两人跳下机车，只听轰的一声巨响，两机车相撞，车毁桥断，迫使敌津浦线运输中断数日。铁道大队还在临枣支线上用车头撞车厢将敌人一辆火车撞坏。

鲁南铁道队炸坏三个火车头

咱鲁南的武装铁道队，一年来活动于津浦路和临枣支线两侧，给鬼子很大威胁。据统计，共破路×次，炸坏3个火车头，毙伤敌伪44名，缴获长短枪20多支，电话机一架和许多文件。

（原载1941年10月《大众日报》）

鲁南铁道大队炸翻的敌军列车车厢（现存于军事博物馆）。

截获敌布车

　　1941年11月，根据地被服厂遭到破坏，主力部队又急需过冬棉衣。军区指示铁道大队务必尽快搞到布匹。他们立即行动，很快从沙沟火车站站长、地下情报员张允骥处获悉，由青岛开往上海的客车尾部挂有2节装有布匹的闷罐车厢。洪振海等立即研究方案，紧急准备，并派人与微湖大队联系，请他们协同作战。晚上10点，火车通过沙沟站后，洪振海和曹德清跃上火车，在张允骥的协助下，于预定地点拔下插销和风管，将两节布车脱钩。不等车厢停稳，洪振海已打开车门，和跃上车厢的队员们把布匹掀下去，在微湖大队和动员的群众帮助下，将布匹运到安全地带，来不及运走的放火烧掉。这次截布车共获细纱棉布千余匹和军装、毛毯、日用品一宗。第二天晚上，洪振海、杜季伟带领部分队员送往山里部队，解了燃眉之急。军区首长称赞他们"雪中送炭"。

独立支队长兼微湖大队长张新华保存的缴获日军毛毯

鲁南军区被服厂用鲁南铁道大队从敌军列车上缴获来的细棉布制作的军上衣（现存于山东省博物馆）。

将卸下火车上的布匹等运走

组建长枪队

　　铁道大队往抱犊崮山区送布之时，军区首长同时批准铁道大队组建长枪队的请求，同意用缴获的枪支装备长枪队，并派军区政治部保卫干事赵宝凯任队长兼指导员。调五团三营排长赵永良任副队长，随洪振海一起出山。随后组建的长枪队，下设3个分队，共30余人，在以后的战斗中发挥了重要作用。

　　根据军区首长指示精神，铁道大队在各中队相继配备了政治指导员，加强了基层党组织建设和思想政治工作，为胜利完成各项战斗任务起到了保证作用。

　　紧接着，铁道大队在微山岛的杨庄进行一个月的冬季训练。长枪队主要进行射击、投弹和利用地形、地物等项训练。短枪队主要进行爬车、破路、截击火车等方面的训练。集训期间还发展了部分党员。

铁道大队长枪队队长兼指导员赵宝凯

长枪队活动

铁道大队长枪队副队长赵永良

帮助群众收获庄稼

展开破袭战

从1941年开始，日军把包括山东在内的华北地区作为"彻底治安肃正"的重点，推行"治安强化运动"，对根据地进行疯狂的"扫荡"和"蚕食"，鲁南地区抗日斗争处于最艰苦的阶段。为粉碎敌人的"扫荡"，铁道大队奉命投入破袭战。他们兵分四路展开对敌斗争。第一路由王志胜带领5名人员夺取在枣庄站的敌两辆机车，使其相撞，造成车翻路毁；第二路由孙茂生带领70余名队员扒毁临城至韩庄段铁轨、枕木，颠覆敌一军列；第三路由杜季伟带领部分队员发动群众，在津浦铁路前亭至官桥两侧，将敌电线杆锯断数百根，断敌通讯；第四路由徐广田带领扒掉临城以北10余里铁路。

日军对根据地进行扫荡

砍电线杆

破袭交通

地下交通情报站

　　铁道大队神出鬼没地打击敌人，搅得日军惶惶不可终日，恨不得一天就将他们吃掉。眼看大规模的"扫荡"、"围剿"无济于事，便改变手法，先用重金悬赏伎俩，但又枉费心机，又改用叛徒、特务，侦探铁道队行踪。敌人利用叛徒田广瑞、黄二等先后将情报站长秦明道和交通员郝贞、刘桂清、大老殷（芳林嫂原型）等抓捕，并对他们进行严刑拷打，但他们视死如归，坚贞不屈。

秦明道

　　铁道大队老交通员，电影小说中"冯大爷"原型。1881年生于滕县彭楼，1935年入党，临城抗日情报站站长。在大儿子秦玉升牺牲后，又将小儿子秦玉斗送到铁道队。1942年底叛徒告密，遭杀害。并被日军拴在临城东门外的电线杆上暴尸数日，后被群众将遗体秘密移走，掩埋在大邵庄秦家祖坟里。

日军残杀抗日民众

铁道队设在沙沟李楼村的交通联络站旧址

电影小说中芳林嫂原型之一。

刘桂清，1899年生，自日寇侵略枣庄后，就成为党的地下交通员。并将三个儿子都送去参加铁道游击队。她多次被敌人逮捕，受尽折磨，始终严守党的秘密。1985年12月病逝于济南，终年86岁。

刘桂清

刘桂清生前使用过的布袋、木盒

黄学英

黄学英，鲁南铁道大队女交通员，薛城区古井村人，生于1906年。嫁到薛城区常庄镇店子村，婆家姓殷，故在鲁南铁道大队里被称为大老殷。她是一个极普通的农家妇女。殷家穷，为了度日，她常挎个油条篮子上街叫卖，这也就成了她为铁道大队传送情报的职业掩护。她从事党的地下交通工作时，经常出入来往于微山和枣庄一带，给铁道大队送情报、撒传单，做了很多有益的工作。全国解放后，一直在家务农。1977年12月去世，终年71岁。

郝　贞

郝贞，鲁南铁道大队女交通员。薛城区常庄镇六炉店人，生于1916年。

1938年3月17日，临城失陷，她丈夫时福友被日军抓去兵营做饭。1940年，临城日军多次遭到鲁南铁道大队的袭击，损失惨重，敌人怀疑时福友私通八路，于是将其抓捕杀害。时福友被鬼子杀害后，郝贞怀着对日寇的满腔怒火，参加了秦明道组建的"临城抗日情报站"。这年10月，洪振海、杜季伟领导的鲁南铁道大队已由枣庄附近转移到津浦铁路西六炉店一带。洪振海等非常同情郝贞的遭遇，经常将从敌火车上搞出来的物资赈济她，并教育郝贞多为抗日作贡献。从此，郝贞在六炉店的家就成了铁道大队的秘密联络站。郝贞被吸收为交通员，积极为铁道大队站岗、放哨、洗衣、做饭、侦察敌情、递送情报和掩护伤病员。1981年4月，因病去世，终年65岁。

激战黄埠庄　洪振海牺牲

　　松尾逃回临城后，纠集数百名日伪军于1941年12月28日凌晨包抄六炉店，可洪振海他们早已转移。扑了空的敌人，气急败坏，将村民赶到一起拷问，把村民们打得皮开肉绽，然后将村民房屋烧掉又扑向黄埠庄。

　　洪振海听到日军在六炉店的暴行后，气愤至极，立即调集兵力在黄埠庄附近的运河堤伏击敌人，为六炉店群众报仇。双方展开激战，敌伪军伤亡甚多，但终因敌众我寡，杜季伟建议洪振海撤出战斗转移。可洪振海却认为是歼敌的好机会，未听劝告，端起机枪向敌人扫射，不幸中弹，被王志胜救回，铁道队随即撤离。由于击中要害，洪振海壮烈牺牲，时年31岁。全队悲痛万分，因斗争形势紧张，先将洪振海安葬在黄埠庄，1943年迁至其老家滕县羊庄大北塘村。

伏击敌人（电视剧照）

当时将洪振海的遗体存放在麦草垛里躲过敌人搜索

1946年1月，大队长刘金山与政委郑惕一起到黄埠庄大堤，吊唁洪振海同志。

矗立在滕州市羊庄镇大北塘村的洪振海烈士纪念碑

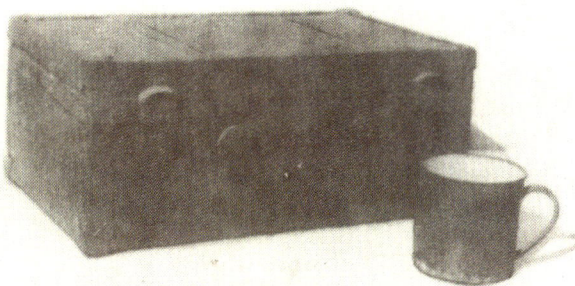

洪振海的皮箱和茶缸。（现存于曲阜师范大学文物室）

刘金山升任大队长

1942年1月，杜季伟召开支部委员会，研究和民主选举刘金山为大队长，赵永泉为副大队长，赵宝凯改任大队政治协理员，尔后报经鲁南军区批准，予以正式任命。

1942年7月，铁道大队整训一个多月，临近结束时，一一五师政治部主任萧华接见了刘金山、杜季伟，听取了他们的汇报，肯定了他们的成绩，安排了新的任务，即打通华东经鲁南至延安的秘密交通线。

铁道大队大队长刘金山

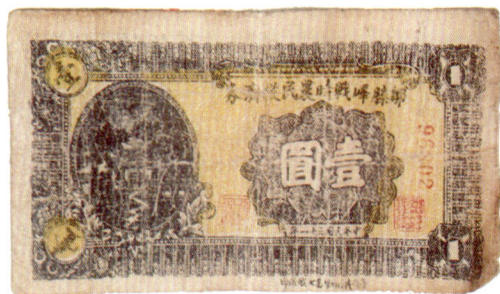

抗日根据地货币

刘金山使用的皮箱

1940年5月，罗荣桓率部挺进抱犊崮山区，司令部设在西七里河村。图为罗荣桓在西七里河村住过的地方。

罗荣桓司令员
给鲁南铁道队的嘉奖信

鲁南铁道队的指战员同志们:

你们坚持斗争在星罗棋布的敌人据点周围,像一把钢刀插入敌人的胸膛,给敌人以沉重的打击。你们的斗争是很有意义的。我向全体同志致以亲切的慰问。

现在,你们的任务是光荣而艰巨的,你们肩负着保卫通向全国人民向往的革命圣地延安的要道,使我们根据地的情况能及时报告给党中央、毛主席,我们也能及时得到党中央、毛主席的指示。你们安全护送了由前线、根据地到延安学习的大批干部,这具有重要的政治意义。这条交通线像人身上的大动脉一样,一分一秒不能中断,你们要确保安全畅通。

你们要有坚持长期斗争的思想准备,要再接再励,不怕艰难,不怕牺牲,积极开展对敌斗争,机动灵活地打击敌人,坚决完成党交给你们的任务,粉碎敌人的"扫荡"和"强化治安"阴谋。你们要坚决执行党的抗日方针政策,做好群众工作,更加紧密地团结和依靠群众,一定能够克服困难,战胜敌人。

(根据原鲁南独立支队副政委兼鲁南铁道大队政委杨广立回忆整理)

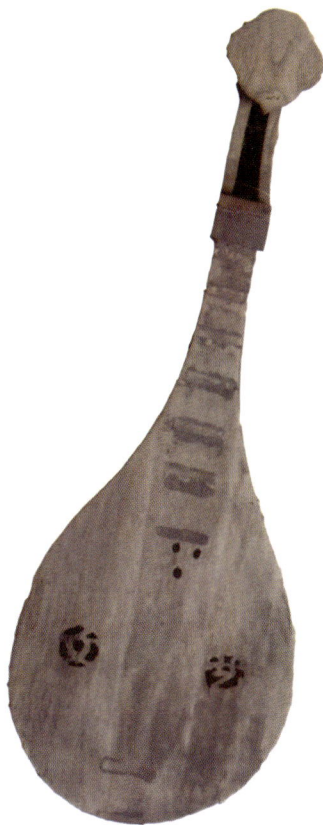

铁道游击队员使用的土琵琶

缴获日军的物资

微山湖突围

1942年春，"扫荡"山区根据地的日军返过头来"扫荡"微山湖地区。4月20日，日伪军3000余人突然对微山岛发起进攻。岛上除铁道大队外，还有微湖大队、运支一大队、峄县支队、沛滕边大队和水上区中队以及地方党政机关人员500余人。各抗日武装自动成立临时指挥部，研究了突围方案，激战10余小时，重创了敌人。最后，终因敌众我寡，指挥部决定分头突围。王志胜急中生智，率领铁道大队（政委不在岛上）穿上日军服装化装突围，无一伤亡。

微山湖突围后，铁道大队再一次进山整训。

三千敌兵奔袭微山湖　我军创敌后安全退出

我一班战士壮烈牺牲　换敌伤亡数百　血色染红湖水

本报特讯　敌人企图割断我鲁南与鲁西南之交通，蚕食分割我根据地，于4月下旬，抽调鲁南津浦线各据点之敌，共约3000余人，附大炮9门，由××师团长亲自率领，奔袭我驻微山湖一带之××队、××大队等部，将我军重重包围。我军虽仅五六百人，在敌密集炮火下，发扬我八路军英勇顽强之作风，坚持抵抗，与敌奋勇搏斗，血战达7小时之久，毙敌300余，终因众寡悬殊不得不机动分路退出。是役，我军除最后突围的一个班壮烈牺牲外，其余全无损失。我×队从湖上安然退出，复以游击战术迷惑敌人，使敌寇水上部队自相惨杀达数小时，伤亡颇巨，微山湖水皆染映血色。据某军事家分析：此次战斗，我军能以极小价换得敌寇之严重损失，实堪加以表扬。惟检讨此次微山湖交通线之被敌切断，虽由于敌以优势兵力，乘我不备，迅速奔袭，然我主观上亦存在严重缺点。首先是我们轻视敌人，漠视敌人蚕食阴谋，平时存在着浓厚的太平观念，不注意隐蔽与提高警觉，不注意开展敌伪工作，以致情报不灵，中了敌人奔袭的毒计。同时，由于我们对群众工作采取抓一把的游击主义，没有把基本群众动员起来，开展群众性的游击战争，形成部队飘浮在群众头上，所以不能坚持。这惨痛的经验教训，是值得我们坚持敌后游击战的每一同志永远记住的。

（原载1942年5月《大众日报》）

日军进攻微山湖

重返故地

　　铁道大队出山时，其原来活动的微山湖地区已再次全部伪化，铁路两旁敌人碉堡、据点林立，还挖了封锁沟，经常对周围村庄进行突袭，给铁道大队活动带来很大困难。铁道大队对敌伪采取"分化瓦解，打拉并举"的方针。对能够争取的伪乡保长及伪武装人员尽量做教育争取工作。同时，对敌伪人员开展"黑红点"活动，做一次好事记红点，干一次坏事记黑点，并派人定期宣布。这样，一些敌伪人员不敢死心塌地地为敌人效劳，悄悄地为铁道队通风报信，以将功赎过。铁道大队又打开了局面，重新夺回来微山湖地区，为开辟秘密交通线奠定了基础。

活跃在铁道线上的部分铁道队员

一九四二年九月十六日《大众日报》关于鲁南我军反扫荡的报道

护送刘少奇

　　1942年8月，刘少奇化名胡服，由华中去延安，途经鲁南时顺及检查山东工作。上级派铁道大队执行护送任务。刘少奇等人趁夜由军区驻地埠阳启程，晓住夜行，沿途经过多处封锁线，跨越枣庄铁路，经过两夜兼程，抵达铁道队的活动区、津浦铁路东侧的小北庄住下。王志胜带一名队员前往必经之敌据点进一步做了伪军的工作，确保万无一失。杜季伟带人提前到铁路西作接应工作。第二天深夜，王志胜带几名队员穿着伪军服装，守护在据点周围，刘金山听到王志胜发出

护送刘少奇跨越津浦铁道的涵洞

的暗号后，便率短枪队掩护刘少奇一行通过。正在这时，日军巡逻车从沙沟方向开来，刘金山命令隐蔽。紧急关头，刘少奇骑的骡子却掉到战壕里，刘金山赶快用力推上来隐蔽妥当，巧妙地躲过了巡逻车。教二旅旅长曾国华带领警卫人员参加护送。刘少奇等穿过铁路桥洞抵达微山湖畔的乔庙住了一夜，后到微山湖船上度过五天五夜。其间，刘少奇作了4条指示：一是要保护好这条秘密交通线，确保畅通无阻；二是当前敌强我弱，行动要慎重，不要过于刺激敌人，同时要做好伪军工作；三是搞好政权建设，扩大武装；四是活动在这里的几支抗日武装应统一领导，统一指挥，实行党的一元化领导。

护送刘少奇跨越津浦铁道时队员住过的房子（西界沟村）。

　　1942年4月，刘少奇代表党中央视察山东，对山东的军事斗争、政治斗争作了重要指示，后在我人民抗日武装的护送下，跨过津浦铁路西渡微山湖回延安。图为临行前与山东分局和山东政治委员会领导同志的合影。前排右起：黎玉、刘少奇、萧华、罗荣桓。后排左二起：周长胜、梁兴初、杜明。

鲁南军区旧址

合编独立支队

　　1942年10月，根据刘少奇的指示，鲁南军区决定将活动在微山湖地区的铁道大队、微湖大队、滕沛大队和文峰大队合编为鲁南独立支队，12月正式成立，孟昭煜任政委，张新华任支队长，赵若华和王建安分别任保卫股长和敌工股长。4支队伍分别编为一、二、三、四大队。铁道大队为二大队，对外仍称铁道大队，大队领导人未变。支队政委孟昭煜随他们活动。

张新华
独立支队代理支队长

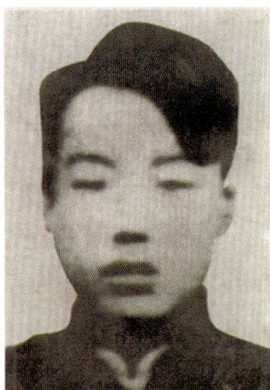

孟昭煜
独立支队政委

董明春
独立支队副支队长

　　王建安，山西省洪洞人，1917年生。1941年6月"在华日人反战同盟鲁南支部"成立，王建安从事培训工作。鲁南独立支队成立后，任支队敌工股长兼二大队敌工干事。
　　1943年5月，孟昭煜、王建安二人前去做伪军司令朱玉相的工作时，不幸遭敌埋伏被杀害。峄县抗日民主政府在二位烈士墓前立碑、撰文，以示纪念。

战斗在微山湖上

右起：独立支队一大队
大队长张新华（兼）、政委
孙新民、副支队长胡桂林。

日军加强对微山湖地区的封锁

活动在微山湖上

开辟秘密交通线

　　随着抗日形势的发展，党中央与各战略区的联系和人员往来日益增多，建立秘密交通线愈显重要。经新四军和山东有关人员多次考察，认为华东经鲁南去延安的路线比其他2条线路（经西安至延安和海上转至延安）更安全近便，并与沿途军政领导确定打通这条交通线。铁道队6月份进山整训临近结束时，萧华指示铁道队出山后主要任务是开辟和保护好这条交通线。从此铁道大队与其他兄弟部队配合，担负起护送过往干部的重要责任，直至抗战胜利。先后安全护送刘少奇、陈毅、萧华、陈光（一一五师代师长）、朱瑞（山东分局书记）等过往干部千余人，受到军区和被护送首长的表扬。

护送过路

秘密交通线遗址

护送萧华

1942年11月，山东分局和一一五师研究决定派萧华和夫人王新兰与秘书康茅召、警卫员徐登坤赴太行山中共中央北方局和八路军总部汇报工作，并在过路时顺便检查湖西和鲁南工作，转达刘少奇去延安路过山东时对山东抗日工作的指示。铁道大队奉命护送，安全跨过津浦铁路到达微山岛，尔后转交给微湖大队。萧华曾为铁道大队赋诗一首："神出鬼没铁道旁，袭敌破路毁沟墙。深入兽穴斩虎豹，飞越日车夺械粮。汪洋大海游击队，怒火熊熊敌后方。条条铁轨成绞索，寇灰满载运东洋。"

12月8日，副大队长兼三中队长赵永泉，带领部分队员到西巨山村执行任务时，突遭日伪军包围。赵永泉临危不惧，立即组织突围，身负重伤，队员朱其金牺牲。

1941年一一五师司令部、政治部部分处以上干部合影。左起：陈光、赖可可、萧华、罗荣桓、梁必业、王秉璋、陈士榘、王立人、杨尚儒、苏孝顺、张雄。

萧华

神出鬼没铁道旁，
袭敌破路毁沟墙。
深入兽穴斩虎豹，
飞越日车夺械粮。
汪洋大海游击队，
怒火熊熊敌后方。
条条铁轨成绞索，
寇灰满载运东洋。

黑云压城斗志坚

副大队长赵永泉

1943年，是抗日战争最艰苦的时期，日伪加紧了对占领地区的统治和根据地的蚕食、扫荡，根据地压缩到很小的一块，但铁道大队仍然进行艰苦卓绝的斗争。

鲁南铁道大队已有队员150余人，编为3个短枪中队和3个长枪中队。军区先后调10余名政工干部到大队任中队指导员，这对铁道大队成长壮大起到了重要作用。

1月初，曹德清等6名队员奉命捣毁柏山日伪据点后在蒋庄遭敌包围，除2名队员脱险外，曹德清等壮烈牺牲。2月24日，副大队长赵永泉在增援被包围在西托村队员突围时壮烈牺牲，时年32岁。3月，政委杜季伟奉调山东分局党校学习，鲁南一军分区政治部主任文立正调铁道大队代理政委。是月，顽九十二军入鲁，铁道大队奉命在临城至沙沟段铁路两侧进行阻击。他们巧妙地制造日军与顽军交火，迫顽军滞留微山湖区一周多。

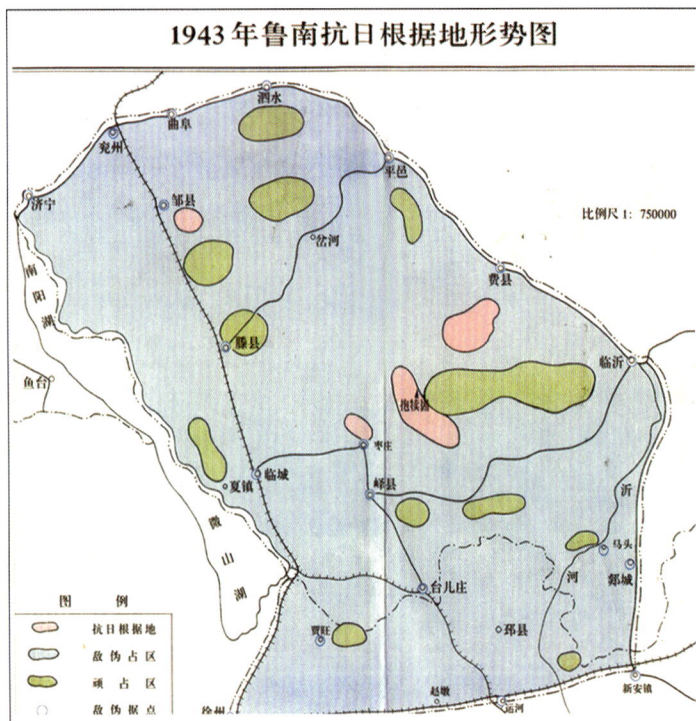

1943年鲁南抗日根据地形势图

比例尺1：750000

图例
抗日根据地
敌伪占区
顽占区
敌伪据点

鬼子进山扫荡、设置封锁线

摧毁伪政权

5月，根据独立支队指示，铁道大队将其活动地区的伪乡保长100多人请到山里受训，除将罪大恶极者镇压外，其余经教育放回，让他们明里应付敌人，暗里为铁道大队办事。这样，敌伪基层政权基本被摧垮。八路军一一五师教二旅五团三营教导员扬广立调任鲁南独立支队任副政委，并接替文立正兼任铁道大队政委。同月，鲁南独立支队政委孟昭煜遇害。8月，鲁南一军分区政治部主任张鸿仪接替文立正任支队政委。

独立支队副政委杨广立　　　独立支队政委张鸿仪

破袭日围踞点

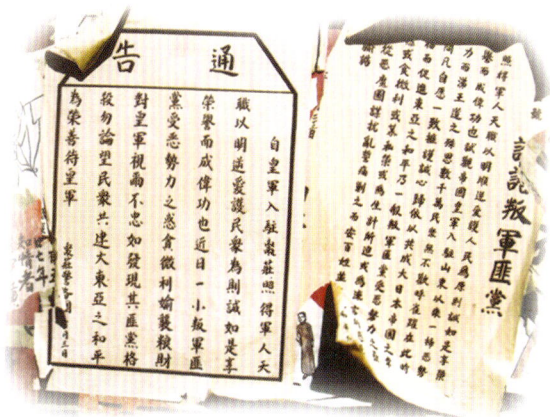

日伪印制的反动传单

日伪开会宣传

护送朱瑞、陈光等过路

　　1943年9月，中共山东分局书记朱瑞到延安参加党的七大会议，经过鲁南时，专门召开了沿线附近的队伍和鲁南党政领导会议，肯定了这条战略交通线。

　　铁道大队还护送陈光等领导同志及千余名干部、爱国青年安全通过津浦铁路封锁线。

　　罗荣桓、萧华等领导联名向中央写信高度赞扬了这条通向延安的战略要道——红色秘密交通线。

参议长彭畏三（左三）与一一五师首长罗荣桓（右一）、陈光（左二）、陈士榘（左一）合影

赵镈（左二）与朱瑞、黎玉、张策等领导同志在山东分局留影。

一一五师入鲁前部分同志留影。后排中陈光、二排右起罗荣桓、杨尚昆，前排右起王秉璋、林月琴、李伯钊。

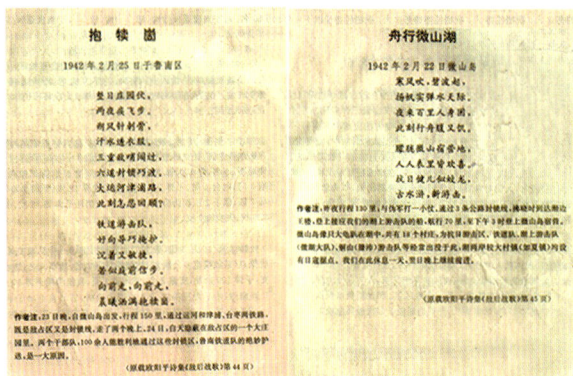

欧阳平诗两首

增援运河支队

1943年9月，刘金山率长枪队增援运河支队，在王楼附近与日伪军激战5小时，毙敌57人，伤敌40余人。长枪队牺牲分队长以下8名，伤16名。

《鲁南军区战斗纪要》选摘

1944年9月2日，鲁南独立支队二大队（铁道队）增援运北时，当晚住王楼。徐州之敌200余人、伪军100余人出动报复。敌进至牛山后时，因天黑，看不清，我部误认为全是伪军，随即派两个中队前去打击。在王楼附近与敌接触，将敌压于河沟内。激战5小时，敌集中火力反冲锋，我即撤退。计毙敌50多名，伤40余，打死特务7人。我牺牲排长以下8名，伤16名。敌于当夜返回沙沟、褚楼伪据点。

日军扫荡

监视敌伪行动

护送陈毅

1943年11月，新四军军长陈毅一行8人，从苏北经鲁南去延安，由运河支队从苏鲁交界的北许阳村护送到津浦铁路附近的西界沟，铁道大队接替运河支队护送过铁路。在西界沟村，陈毅热情地招呼刘金山、杜季伟他们："火车上打游击的英雄来了，坐，请坐！"然后询问了铁道大队的一些情况，讲了国内外反法西斯战争的大好形势，最后送给他们几支短枪和许多子弹。必经的姬庄道口碉堡伪军的工作

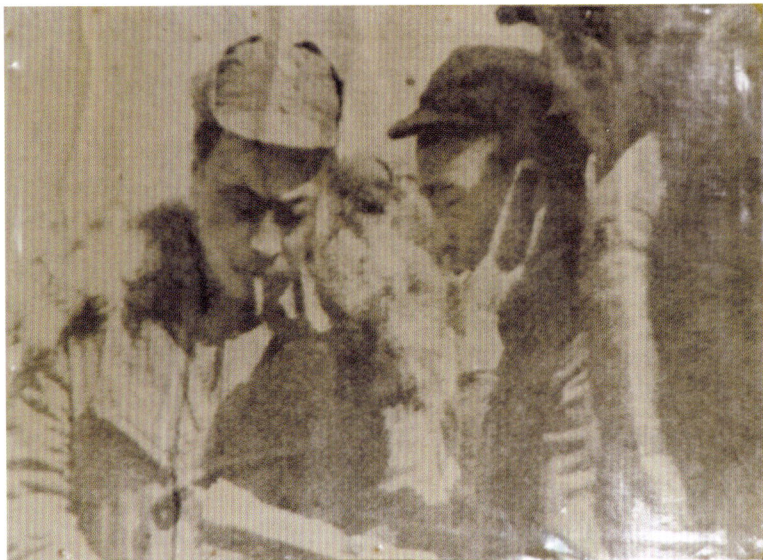

陈毅同志赴延安途中

由黄岱生等人做工作。因该处伪军刚换防，不熟悉，便让姬庄两面村长姬茂喜把伪军头目请到他家软硬兼施，做通了伪军的工作，不仅乖乖放行，而且在陈毅过路时打开探照灯照明。就在此时，发生了意外，陈毅骑的骡子过伪军临时搭的小木桥时，因桥窄不敢过，几名队员硬推，一只蹄子陷进木板缝里，此时北边又传来火车汽笛声，几个队员抱着骡子腿硬拔出来，这样才很快跨过铁路。陈毅在微山湖船上留宿数日，听取刘金山的汇报，给予赞扬，并站在船头上，用四川方言吟诗一首："横越江淮七百里，微山湖色慰征途。鲁南峰影嵯峨甚，残月扁舟入画图。"除这次外，铁道大队还于1945年10月护送赴延安参加中央工作会议返回的陈毅再次途经山东。

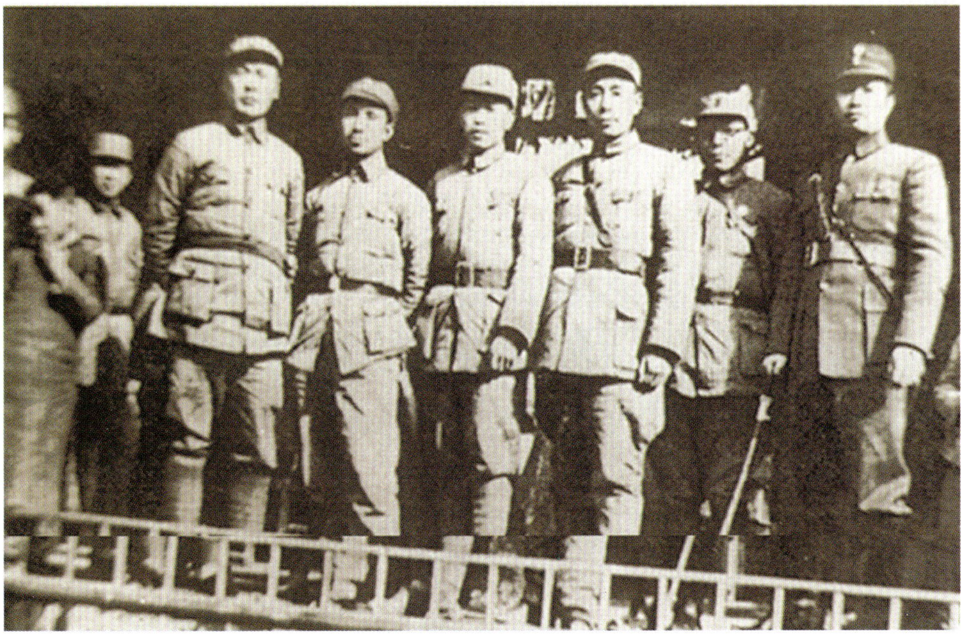

鲁南区党委书记傅秋涛（右四）与周恩来（右三）、叶挺（右一）、陈毅（右六）、粟裕（右五）、朱克靖（右二）在一起。

过微山湖

横越江淮七百里、
微山湖色慰征途、
鲁南峰影嵯峨甚、
残月扁舟入画图。

陈毅

一九四二年十一月

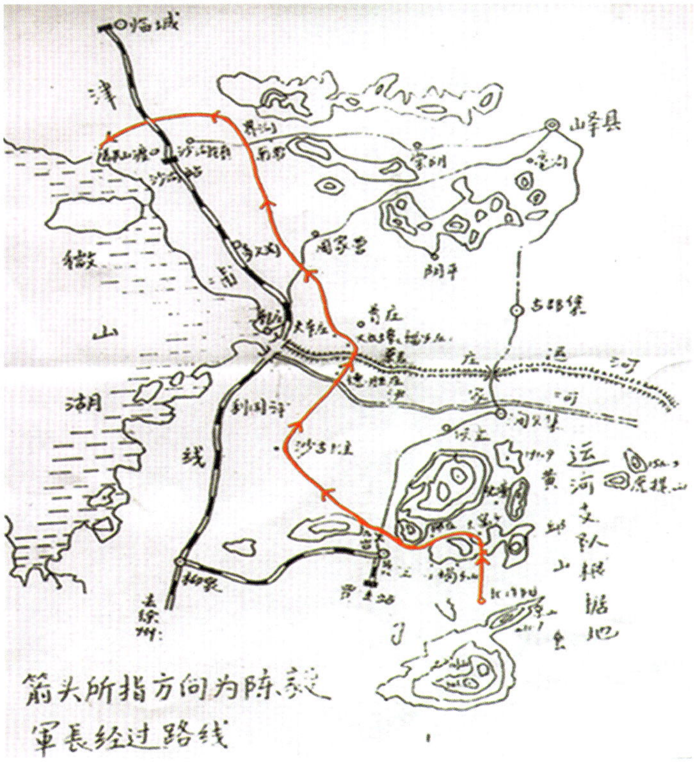

临城
津
浦
线
微
山
湖
周家营
运
河
柳泉
箭头所指方向为陈毅
軍長经过路线

陈毅过津浦铁路路线图

反顽战斗

1943年12月，原独立支队特派员兼滕沛边县公安局局长赵若华奉调接任铁道大队（支队二大队）政委。进入1944年，鲁南军民经过艰苦斗争，抗战形势大为好转。同时，鲁南区党委大力加强党的建设。鲁南军区派"反战同盟"会员、被铁道大队俘虏的原日本骑兵田村伸树和小山口到铁道大队，加强对敌军的政治攻势和瓦解工作。同年2月，为贯彻执行精兵简政指示，鲁南部分军事机构精简和撤销，干部降职使用。原鲁南军分区代理司令员董明春奉调独立支队任副支队长，主持全面工作，张新华专任一大队长，张鸿仪、杨广立任正副支队政委。6月19日，湖西顽军胡介藩部1500余人侵占独立支队驻地南庄。铁道大队参加了这次反顽战斗，在董明春指挥下，经过5个多小时的激战，将敌击溃，毙伤敌百余名。此后，铁道大队又先后参加了高庄、赵坡战斗，并取得胜利。

赵若华

《鲁南军区战斗纪要》选摘

1944年6月19日早，滕沛边区之顽军刘陈二个团、胡介藩一个团计四五百人，向我南庄进犯。我独支（即鲁南独立支队）集中一、二大队（即微湖大队和铁道大队）于25日进至袁庄、西口一线。26日，顽军在大王楼放火。我为保卫群众利益，与顽展开激战。顽守我攻，经×小时战斗，将顽击溃。计毙伤顽80余名，生俘23名。缴步枪24支，炮一门，子弹700发。我亡3名，消耗子弹3000发。

伏击敌人

《鲁南军区战斗纪要》选摘

　　湖西顽军自被我独支打击后，伪军韩继尧部企图侵占我湖东地区。1944年7月11日进占南庄。我独支一、二大队（铁道大队）及湖西五队与敌激战7小时，计毙伤敌80余名，生俘1名。我亡一大队中队长刘文华以下8人，失步枪1支。

　　1944年夏，独支在邓家集、满口和程子庙3次战斗中，计毙顽军113名，伤106名，俘顽218名。我伤8名、亡3名。计缴步枪411支，机枪4挺，炮弹42枚，子弹2591发，手榴弹553枚，枪榴弹筒6个，×枪12支，手枪5支和兵工厂机器数台。

　　1944年9月3日，我鲁南独立支队在高庄战斗中，经激战3小时，将顽军周侗部之马团消灭。计缴获步枪300余支，电话机一部，手枪5支，各种子弹8000余发。毙顽100余名。俘顽300余名。我伤副支队长董明春、二大队（铁道大队）副大队长王志胜以下14名，亡4人，消耗各种子弹4000发。

滕县敌伪顽据点分布图

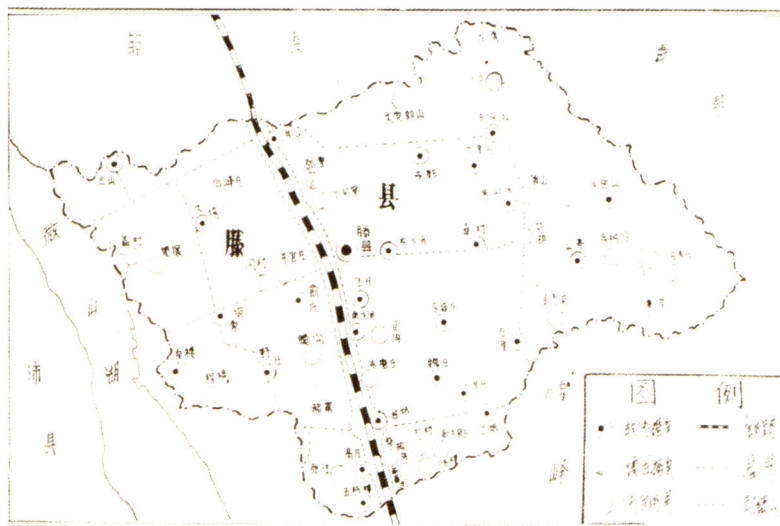

1938.3——1945.8

威名大振

　　1944年8月2日，山东省战斗英雄、民兵代表大会在莒南坪上召开。铁道大队选派徐广田参加了大会，并被评为一级战斗英雄，亦称"列车英雄"。徐广田代表铁道大队作战斗报告，引起强烈反响。时任山东文协主办的《山东文化》副主编刘知侠参加了大会，被列车英雄们的事迹感动，会后写出题为"铁道队"的文章在《山东文化》上连载，从此，刘知侠与铁道大队结下了不解之缘。

炸毁日军的列车

缴获的武器

民兵代表大会在莒南坪上召开

奇袭临城伪区部

1944年9月9日，铁道游击队奇袭了临城伪区部，俘伪军12人，缴获步枪16支，子弹126发。战斗中，短枪队班长徐广才牺牲。同时攻克小武穴日伪据点，毙伤敌军2名，伪军9名，缴步枪9支和其他战利品一宗。

《鲁南军区战斗纪要》选摘

1944年9月9日，我独支二大队二中队配合短枪队一个班，打入临城敌据点，将伪区中队解决。计俘伪12名，缴步枪16支，子弹126发。但是，在撤离时因夜暗，我一新战士误将班长徐广才打死，别无伤亡。

1944年10月3日，独支二大队（铁道队）一中队攻克小武穴敌据点（系敌模范乡公所）。计毙俘日军2名、伪军9名，缴步枪9支，子弹100余发，皮箱2个，油印机1架，我仅消耗子弹10余发。

临城日军踞点

鲁南独立支队番号撤销　铁道大队番号恢复

1944年10月，津浦铁路东西两侧及微山湖地区抗日根据地基本连成一片，为适应斗争形势的需要，鲁南军区决定撤销独立支队番号，在此基础上组建鲁南二军分区，军分区司令员贾耀祥，政治委员张雄。原鲁南铁道大队4个长枪中队、3个短枪中队(约600余人)，和微湖大队、文峰大队等合并组建鲁南二军分区。留下50人编为长、短枪各一个中队，同时恢复鲁南铁道大队番号，原大队政委赵若华调离，支队政委张鸿仪改任铁道大队政委，调原鲁南军区第一武工队队长郑惕任副政委，正副大队长仍由刘金山、王志胜担任。大队部机构逐渐得以健全。同年10月，鲁南区党委在大邵庄城市工作会议上决定成立3个铁路工委，隶属鲁南区党委城工部。张鸿仪兼任第三工委书记，郑惕、刘金山、冯克玉、马仲川为委员。

拔据点

原独立支队鲁南铁道大队大队长刘金山与微湖大队大队长张新华在微山岛战场旧地重逢

《鲁南军区战斗纪要》选摘

1944年10月6日晚，独支一大队及二大队(铁道队)两个班袭击东西龙崮，扑空后追至赵坡，与顽激战3小时，将顽军全歼。计毙顽军88名，俘100余，缴步枪146支、短枪5支、轻机枪两挺、手炮1门、电台1架、子弹5706发、迫击炮弹12发、炸弹200枚、战马7匹、骡子2匹和伪币10万余元。我消耗子弹1178发、手榴弹326枚，失步枪1支。

日特乞求谈判

为了对付铁道大队，日军专门成立了一个"三角部队"，妄图以"剔抉"战术把铁道大队吃掉。但铁道队不仅没被消灭，反而连连出击，对铁路进行大规模破袭，打跑了日军的"护路班"，使其建立"爱路村"的企图破产铁道大队还袭击和截击敌列车等，使敌人惶惶不可终日。1944年12月，穷途末路的日军竟向铁道大队乞求谈判，这在中国抗战史上是罕见的。沙沟护路段特务平野与张鸿仪、刘金山、郑惕谈判两个多小时，张鸿仪对平野的无理要求予以驳斥，并揭露日军的阴谋和罪行，平野最后灰溜溜地跑了。

鲁南敌挖沟筑墙
阴谋封锁山区
我军识破鬼计连予打击

【新华社山东分社鲁南八日电】鲁南山区周围敌寇，利其"扫荡"与清剿，图使我步徒袭山南之复辙，惟此阴谋早已为我鲁南党政军民所洞悉，正密切配合并团结广大群众对敌展开反蚕食反封锁斗争云。

敌人断施行谣言攻势，不月来调动频繁，且自上月中旬，强迫民伕环山区修补公路挖掘阻绝壕（公路挖封锁沟均地高各八尺）正赶筑平地挖封锁墙深宽厚路洇水迄贺县一段由韩庄东经兰陵，台儿庄东经兰陵，达头，直达临沂城，另以兰陵西北挖通枣庄，并经税郊，崖头，穴庄，文王峪，西集，杨庄，挖至滕县。3、修筑平邑至城后公路，挖城后南冯卯至西集，冯卯至西集，滕县，两段之封锁沟，以与临枣公路之封锁沟贯通。敌人目的，显欲切断我山区与平原之联系，便

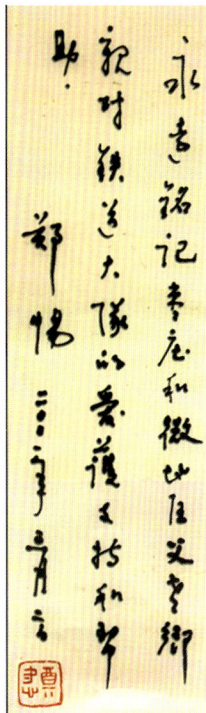

永志铭记枣庄铁道大队的爱护之情和帮助时铁道大队的爱护之情

郑惕
二〇〇三年五月于

郑　惕

鲁南军民对敌寇
展开反蚕食斗争

【新华社山东分社鲁南九日电】鲁南敌我斗争，现已进入更加激烈与残酷化阶段，敌为配合其政治伪化阴谋之致，自三月二十四日开始，集结千余人向我台儿庄一带之微山湖区以北乎邑地区进行"扫荡"与清剿，同时以西从海陵两线入分散我军力量，更加激烈与我敌小队长作持久据点分十二处，分散我军力量，敌军正在全部撤退残酷斗争以公共汽路修遭毁，敌以'路毙食'掩护我修路均遭破坏，我军在配合群众开展对敌斗争中，于二十七日晚与敌九沟山区以南之十余里，郑城向滕峰西公路进行"扫荡"，均苦战中。二十七日晚于上月二十余里，永于上月"次向滕县，伸向西微山湖区进行"扫荡"......

（林×××）

军区通令嘉奖

1945年1月中旬，山东军区政治部召开全省武工队代表会议，张鸿仪参加会议并介绍了铁道大队的英雄事迹。铁道大队受到军区政治部通令嘉奖。政治部主任萧华给予高度赞扬："在广泛开展的小部队、武工队的活动中，铁道队是一面鲜明的旗帜"，是"怀中利剑、袖中匕首。"

萧华赞扬鲁南铁道队

抗战初期，山东就出现过短小精悍的专在敌占区和边沿区活动的小部队。自从加强小部队建设以后，又出现了许多被誉为"怀中利剑、袖中匕首"的武工队、游击队，斗争方法更加丰富多彩，规模也更宏大了。在广泛开展的小部队、武工队的活动中，鲁南铁道队是一面鲜明的旗帜，他们那种具有在火车急驰的时候跳上跳下的超人本领，创造了许多神话般的奇迹，在津浦路鲁南段和临（城）枣（庄）线上，人们时常看到，急驰的火车突然出轨，车头忽然相撞，满载物资的列车忽然前后脱节，敌补给前线的武器、弹药、布匹、医药，就这样经过铁道队员们的手送往我们根据地。有时候，敌人赶到出事地点搜捕，可是车皮早已化为灰烬；追到微山湖边，也只看到一片茫茫湖水。这些列车英雄还常常出入敌占区，杀敌夺枪，猎取情报，破坏敌人的仓库，捕捉汉奸特务，进行宣传，开辟敌后根据地。愈演愈奇的活动方法，使敌人又怕又恨，千方百计地想消灭他们。但是，这支铁道队进入另一个地区了。和他们鱼水相依的群众都严密封锁消息，站岗放哨，使他们避免了多次极其危险的袭击。

（原载萧华编著的《英勇抗战的山东军民》一书）

1945年1月，山东军区召开武工队代表会议。会上鲁南铁道大队受到嘉奖。

文立正、张鸿仪牺牲

　　1944年2月的一个晚上，驻临城日军特务头子渡边一郎率20多名特务，冒充铁道队到下殷庄逮捕了10余名群众带往李家楼，刘金山率长枪队予以伏击，渡边被击毙，大部分群众获救。2月23日，原独立支队政委兼铁道大队政委文立正，在临城六区丁塘村开展工作时，因叛徒告密，遭敌特袭击，不幸牺牲，时年34岁。5月7日，铁道大队在沙沟至韩庄间颠覆敌一列车，缴获了大批物资，使敌交通中断数日。

独立大队政委文立正

　　同年5月，为迎接抗日战争的最后胜利，铁道大队奉命再次进山整训，学军事，学政治，学习上级有关接管城市、车站和保卫铁路交通的指示精神。6月结束整训出山，途经滕峄边山区的龙山、大官庄宿营时，突遭日伪军2000余人包围。在敌众我寡的情况下，张鸿仪、刘金山指挥部队突围。张鸿仪带领一个班掩护撤退时中弹负伤，因流血过多，抢救无效，这位枣庄早期回族党员竟然献身胜利前夕，没有看到中国人民扬眉吐气的一天！张鸿仪牺牲于军区医院，时年33岁。

文立正烈士纪念碑亭

坐落在枣庄清真古寺内的张鸿仪（回族）烈士纪念碑

欢庆抗战胜利　日本投降

中国人民八年艰苦抗战，终于取得了抗日战争的伟大胜利。挣扎在苦难深渊的中国人民欢欣鼓舞庆胜利，举国一片欢腾。

1945年8月8日，苏联对日宣战，百万苏军向日本关东军发起猛攻，中国抗战军民也发起强大攻势。8月15日，日本宣布投降。9月9日中国战区受降仪式在南京举行。

欢庆胜利

日本天皇宣布降书

中国战区日军受降仪式（资料图片）。

乘胜追击

1945年8月10日，中共中央以朱德总司令的名义发布命令，要求迅速解除敌伪武装，限期令日军缴械投降。鲁南抗日军民根据这一命令立即行动起来，迫使日军投降。

延安总部顷发布命令如下：

日本已宣布无条件投降，同盟国在波茨坦宣言基础上将会商受降办法。因此，我特向各解放区所有武装部队发布下列命令：

一、各解放区任何抗日武装部队均得依据波茨坦宣言规定，向其附近各城镇交通要道之敌人军队及其指挥机关送出通牒，限于一定时间向我作战部队缴出全部武装，在缴械后，我军当依优待俘虏条例给以生命安全之保护。

二、各解放区任何抗日武装部队均得向其附近之一切伪军伪政权送出通牒，限于敌寇投降签字前，率队反正，听候编道，过期即须全部缴出武装。

三、各解放区所有抗日武装部队，如遇敌伪武装部队拒绝投降缴械，即应予以坚决消灭。

四、我军对任何敌伪所占城镇交通要道，都有全权派兵接收，进入占领，实行军事管制，维持秩序，并委任专员负责管理该地区之一切行政事宜，如有任何破坏或反抗事件发生，均须以汉奸论罪。

总司令 朱 德 八月十日二十四时

抗日战争胜利结束时鲁南解放区形势图

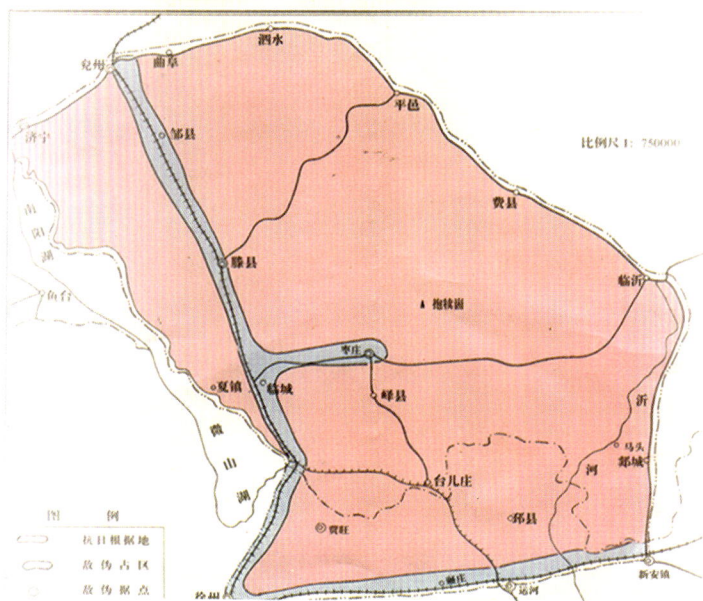

鲁南津浦铁路工委成立

铁工委副书记靳怀刚

为适应新形势的需要，1945年8月18日，鲁南区党委决定在鲁南一、二、三铁路工委的基础上，组建鲁南津浦铁路工委。书记王少庸、副书记靳怀刚，刘金山、郑惕、蒋得功、王玉林等为委员。鲁南铁道大队仍属鲁南军区和铁工委双重领导。

配合主力作战，破坏铁路。

追击顽敌

日本宣布投降后，津浦铁路鲁南段沿线各个据点的日军迫于形势，虽不能对我抗日军民轻举妄动，但拒绝投降。9月之后，日军向临城、沙沟、官桥等重要据点集中，伺机而动。为迫敌投降，铁道大队在临城县委协助下动员了黄埠庄、蒋集、乔庙一带近千名"重点村"的群众，乘夜将津浦铁路后张阿至三孔桥一段铁路扒毁，锯电线杆数十根，迫使敌军列颠覆，伤亡损失惨重。

俘获日军

破坏铁路的工具

击毁日军大炮

配合主力打阎村

　　1945年8月，铁道大队配合我鲁南军区第三、第五两团，第二军分区主力部队和其他抗日武装，攻打驻守阎村的敌人，歼灭敌保安第二旅申宪武部3000余人，生俘敌旅长申宪武，拔掉敌阎村据点。

申宪武司令部驻扎地旧址

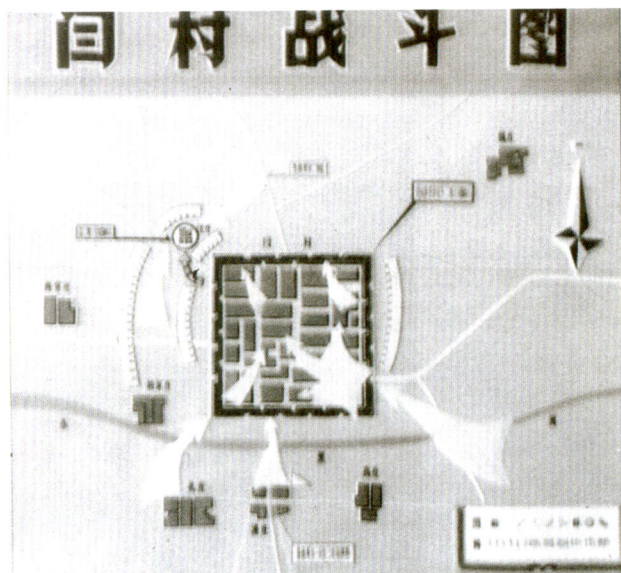

阎村战斗图

伏击

配合新四军作战

　　9月下旬，郑惕率短枪队30余人奉命准备前去接管徐州火车站。因国民党部队抢先进驻徐州，郑惕等人在徐州附近侦察几天后撤回。10月，新四军十九旅开赴鲁南奉命解放沙沟镇。铁道大队给予了有力配合。经数小时激战，俘伪副团长以下400余人，缴获机枪20余挺、步枪200余支。此后，铁道大队又配合十九旅一部攻击姬庄据点，毙俘伪军70余名，缴获武器、弹药等一宗。

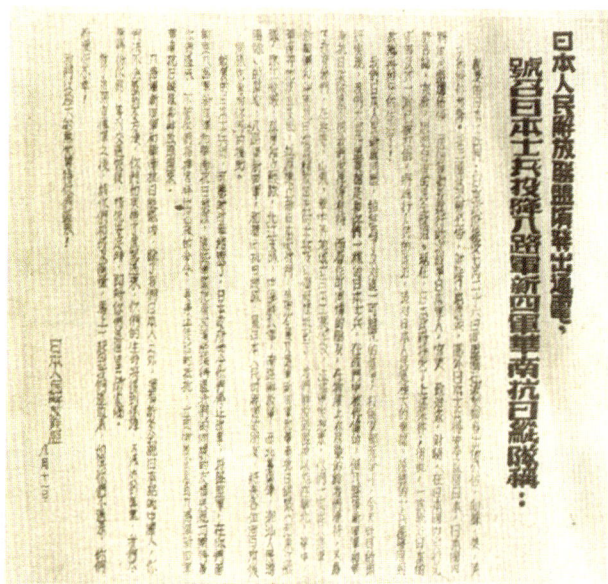

沙沟战斗和缴获物资

沙沟受降

　　铁道大队配合新四军解放沙沟、姬庄据点后，又炸毁了姬庄至临城段铁路，使拒不投降的集结在沙沟一带的日装甲列车部队前后不能动弹，被迫投降。先派通讯员张书太给日军下达投降命令，日军大队长太田被迫与铁道大队代表郑惕谈判。第一次谈判无果。一天下午，张光中司令率领10名随员谈判，当晚太田答应投降。第二天，军区又派两个警卫连为受降助威。午后，受降仪式在沙沟车站西侧一片开阔地举行，日军及家属千余人按我方要求排成长队，以小队为单位分批缴械。共缴枪支1400余支、机枪130挺、火炮数门、子弹千余箱和其他军用物资一大批。

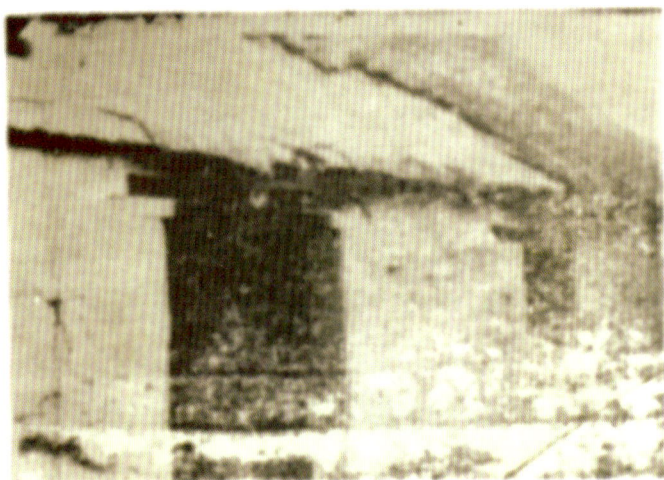

铁道游击队在沙沟姬庄接受日本投降。这是当时受降谈判地点，及缴获的武器弹药等。

原铁道游击队第六任政委、二炮副司令郑惕中将收缴沙沟日军投降时的指挥刀。

日军缴械投降

鲁南千余日军向我缴械

（新华社山东分社鲁南 10 日电） 津浦前线记者报道（迟到），策应陈大庆向我进攻之临城日军"铁道队"千余人，沿津浦线向我沙沟、韩庄解放区进犯。我即施行包围，并以政治攻势劝告日军，勿作无谓牺牲，勿为国民党反动派之炮灰。该敌在我强大军事压力下，被迫分别于 12 月 1 日、2 日放下武器。我缴获大炮一门、步枪千余支、轻重机枪及弹药甚多。放下武器之日军均要求和平回国，对国民党反动派利用日军作战，一致表示反对与愤慨云。（朋）

（原载 1945 年 12 月《大众日报》）

撤番号再踏新征程

1945年11月，鲁南军区命令铁道大队改称鲁南铁道一队，兖济武工队改编为二大队。

1946年2月，根据鲁南区党委和鲁南军区决定，鲁南铁道大队在滕县整编，撤销番号。在此基础上成立鲁南铁路局，鲁南铁路工委副书记靳怀刚任局长，郑惕任特派员兼兖徐段段长，王志胜任局工会主任。长枪队编入鲁南军区十九团特务二连，短枪队编为铁路局警卫连，马世田任队长，周庆云任指导员，部分铁道队骨干担任津浦铁路兖徐段和临（城）枣（庄）、枣（庄）赵（墩）支线火车站站长。3月，铁路局由滕县迁至枣庄。8月，国民党军队20余万兵力向山东解放区进攻，为反击敌人猖狂进攻，鲁南军区调集原铁道大队部分骨干，重新组建了190余人的鲁南铁道大队，刘金山任大队长，蒋得功任政委，辖两个中队。重新建立的鲁南铁道大队活动于鲁南津浦铁路沿线、峄县南部及枣庄周围地区，配合主力部队袭扰打击国民党军队，为鲁南人民的解放事业作出了贡献。同年11月，鲁南铁道大队番号再次撤销，改编为鲁南军区特务团二营。

民兵是党领导下的群众武装组织，在历次革命战争中立下了不朽的功勋，在未来反侵略战争中还是要打人民战争，民兵仍发挥重要作用。进一步加强民兵建设是我党我军的一项长期战略任务。

徐向前 一九八二年二月

战斗在铁道线上的游击队员们

民族之光

　　鲁南铁道大队从正式创建到撤销番号的7年间，经过无数次的惊险战斗，歼灭和瓦解了大批日伪军，缴获了大批军用物资，开辟和保护秘密交通线，护送过往干部千余名，出色地完成了上级党交给的保卫战略交通的任务。铁道大队以特殊的战斗方式为抗日战争的胜利作出了卓越贡献。最后一任政委郑惕在总结铁道大队的经验时概括为5条：一是这支部队是共产党领导和培育的部队；二是这支部队的成员，不仅觉悟高，而且机智多谋、英勇善战；三是在开展武装斗争的同时，铁道大队认真贯彻执行了党的抗日民族统一战线政策，积极开展对日伪军和伪政权的宣传瓦解工作；四是鲁南抗日根据地是其依托，每年都有一定时间进入根据地进行休整和补充；五是铁道大队之所以由小到大、由弱到强，因为有人民群众这个强大靠山，铁道大队的赫赫战功，是指战员与鲁南人民共同创建的。

伏击日军列车

大 事 纪 （一）

年代	月日	大 事 略 纪
1938年	10月18日	建立枣庄抗日情报站：洪振海、王志胜按苏鲁人民抗日义勇队部署，返回枣庄秘密建立情报站，依靠人地两熟的有利条件，从事抗日情报工作。
1939年	8月	夜袭洋行：正泰洋行是日本特务机关，王志胜利用干装运工的便利，摸清情况，夜袭洋行，毙伤3个特务，缴获长短枪2支。
	10月	飞车搞机枪：山区部队枪支短缺。王志胜在装卸货物时发现武器，特在车门上做了记号，洪振海飞车搞两挺机枪、12支步枪和两箱子弹。
	11月	炭场开业：情报站随着工作范围扩大，人员不断增加，为职业掩护和解决活动经费报上级批准，在枣庄西侧陈庄开设了义和炭场。
	11月	陈庄建队：随着斗争的需要，在情报站基础上建立了枣庄铁道队，大家推选洪振海、赵连和、王志胜为正副队长。报苏鲁支队批准。
	12月	临城铁道队诞生：枣庄铁道队在临枣线上奇袭日军，影响了临城一带青年人，以孙茂生和田广瑞为首组织了临南和临北铁道队，归沛滕边县委领导。
1940年	2月	杜季伟宣布建队命令：苏鲁支队决定枣庄铁道队改称为鲁南铁道队，任命洪振海、赵连有、王志胜任正副队长，杜季伟任政委，全队11人。
	4月	小屯整训：鲁南铁道队像钢刀插在敌人心脏里。为建成机智勇敢、纪律严明的队伍，决定在小屯村举办第一期训练班。
	5月	炭场被抄：铁道队的活动引起了敌人注意，一名队员无意中泄秘，日伪数百人突然包围了陈庄，三名队员被捕，炭场被查封。
	5月	公开旗号：铁道队转移移齐村后，报苏鲁支队批准，公开打出了八路军鲁南铁道队的旗号，在铁路线上与敌人展开斗争。
	5月下旬	直染洋行：洋行的日特气焰嚣张，铁道队摸清情况，制定方案：乘夜深人静，在洋行南墙挖洞入院，杀死日特13名、1名翻译，缴长短枪6支。
	6月上旬	赵连有失踪：副队长赵连有奉命返回枣庄取情报，顺便回家探望，不幸被捕，铁道队多方营救未成，至今下落不明。
	6月中旬	奇袭票车：洪振海率队员化装成商人、农民上车，行至齐村西时急刹车，击毙20余人，活捉34人，缴伪钞8万元、军用品甚多。
	7月	临枣3支队铁道队合编：苏鲁支队与中共沛滕边县委决定，将枣庄、临城3支铁道队合编成鲁南铁道大队：杜季伟任政委、洪振海、王志胜任正副大队长。
	7月	进山体整：抗日形势日益严峻，根据地逐渐缩小，为保存抗日有生力量，苏鲁支队命鲁南铁道大队到埠阳休整1个月。
	月	颠覆列车：孙茂生率队员在沙沟南机警将铁轨连接螺丝卸掉，飞驰的军车突然脱轨翻车，车上坦克、汽车等全部报废。
	9月	活捉敌骑兵：日军骑兵每天都到水楼子给马洗澡，刘金山等人将日军和战马俘获，送往山里。
	9月	断敌交通：为配合山里反扫荡，破袭临枣铁路及沿途的通讯设施，发动铁路沿线数百名群众扒铁轨三里多长，砍电线杆100余根。
	11月	截敌货车：获悉载有药物和仪器的列车情报，在沙沟至塘湖之间，截住列车，击毙押车军警缴获大宗药物，及时运往山里。
1941年	4月	部队精简：随着抗日形势的日益恶化，为保存实力，鲁南军区决定将长枪队和破袭队分散回乡隐蔽，大队留10余人坚持斗争。
	6月15日	解放微山岛：奉鲁南军区命令，消灭微山岛伪军闫成田部。
	7月	夜袭临城：敌人下乡"扫荡"，铁道大队乘机夜袭火车站击毙特务头子高岗，缴获两挺机枪、3支短枪、30支步枪和大批子弹等。
	7月	火车头相撞：短枪队长徐广田与徐广友乘敌人不备跃上未熄火的火车，机车相对而行，在七孔桥上相撞迫使运输中断。
	11月	沙沟截布：获取情报近日青岛至上海的客车尾部装有布匹：曹德清上车拔下插销，布车在沙沟南脱钩，共缴细布1000匹，军服100套，毛毯、药品等。
	11月	曹德全牺牲：洪振海和曹德全返回六炉店时，与日伪巡逻队遭迁，曹掩护洪撤离后，身负重伤，不幸牺牲，时年23岁。
	11月	组建长枪队：鲁南军区决定铁道大队增编长枪队、下设3个分队，共30人，赵宝凯任队长兼指导员，赵永良任副队长。
	12月	微湖冬训：铁道大队在微山岛的杨庄进行冬季训练，进行投弹射击、爬车破袭、截击火车等训练，发展了党员，密切了军民关系，提高了队伍素质。
	12月	洪振海牺牲：铁道大队使日寇恐惧不安。日特头子松尾亲自出击，在黄埠庄双方激战，洪振海不幸中弹，壮烈牺牲，时年31岁。
1942年	1月	铲除叛徒黄二：黄二叛变后为敌效忠，铁道大队摸清他活动规律俗以除之。一天清晨，黄二牵着警犬到古井羊肉汤馆，徐广田持枪点射，击毙黄二。
	1月	展开破袭战：为粉碎敌人的"扫荡"，铁道大队奉命投入破袭战，造成机车相撞；扒铁路，造成军列翻车；中断敌通讯，中断交通。
	1月20日	微山湖突围：日军纠集3000余人，船100余只三路向微山岛进攻：鲁南6支武装部队成立临时指挥部，统一指挥，巧妙化装，分路突围。
	5月	刘金山升任大队长：洪队长牺牲，王志胜住院治病，鲁南铁道大队刘金山任大队长，赵永泉为副大队长。
	6月	萧华接见铁道大队长：铁道大队奉命进山整训1个月。——五师萧华主任接见杜季伟、刘金山，部署打通山东、华中至延安交通线任务。
	6月	深入据点除叛徒：殷华平叛变后被日军封为"临城剿共司令"。刘金山、杜季伟乔装成伪军，摸进郗山据点，将殷华平杀掉。
	7月	重返敌地：铁道大队整训后，重返故地开展斗争，采取打拉并举的方针，开展"黑、红"点活动，使伪军为铁道队通风报信，重新建立了微湖根据地。
	8月	护送刘少奇过路：接鲁南军区通知，铁道大队由北庄护送刘少奇等30人安全通过沙沟，到微山湖西岸，送上奔向延安的征途。
	10月	组建鲁南独立支队：为统一领导，将微湖大队、铁道大队、滕沛大队合并，组建鲁南独立支队。
	11月	护送肖华过路：鲁南铁道大队护送肖华及夫人王新兰等4人过津浦铁路，然后交给微湖大队，去延安。
	11月8日	巨山战斗：赵永泉带人去临城西巨山村执行任务，突遭日伪军的包围，赵立即组织突围，身负重伤，朱其会牺牲。
	12月	编入独立支队序列：军区决定将微湖大队、鲁南铁道大队、滕沛大队、峄县大队正式合编成鲁南独立支队。

大 事 纪 （二）

年代	月日	大 事 略 纪
1943年	1月	曹德清等6名队员遇难：短枪队长曹德清率7名队员捣毁了柏山日伪据点，当夜住蒋庄时走漏风声，400多敌人包围蒋庄，2人脱险，6人牺牲。
	2月24日	赵永泉副大队长牺牲：赵永泉在东托村执行任务时，忽闻驻西托队员遭包围，赵永泉随即率队前往增援。经激战，队员安全突围，赵永泉牺牲。
	3月	第一任政委杜季伟离任：杜季伟奉命调山东分局党校学习，后调敌占区任中共枣庄工委书记。文立正代理政委。
	3月	阻止92军入鲁：铁道大队奉命阻击顽军入鲁，机智地利用日顽矛盾，夜袭临城日军，使日顽交火，92军被迫滞留在湖区7天。
	5月	杨广立调任鲁南独立支队副政委：一一五师教导员杨广立调任鲁南独立支队副政委，并接替文立正兼铁道大队政委。
	5月	武装大"请客"：为摧垮伪顽基层政权组织，铁道大队等将鲁南各乡保长110多人"请"到山里受训，杀了罪大恶极的，教育了大多数。
	5月	孟昭煜牺牲：为争取邹坞剿共司令朱玉相，孟昭煜亲往说服，途中被伪军队长朱玉喜抓捕，在大香城南山坡杀害。
	6月15日	彭口闸突围：独立支队在彭口闸村召开各抗日武装会议，突遭数百名日军包围，中队长徐广田发现敌情鸣枪报警，掩护与会人员转移。
	8月	张鸿仪任鲁南独立支队政委：鲁南军区命令张鸿仪任鲁南独立支队政委。
	9月2日	增援运北：奉命增援运河支队，夜宿王楼。日伪300余人"扫荡"，刘金山指挥战斗，激战5小时，毙敌57人，伤40人。
	9月	护送朱瑞过路：山东分局书记朱瑞赴延安，由刘金山、杨广立率短枪队护送，安全过津浦铁路。
	11月	护送陈毅过路：陈毅一行8人，由运河支队护送到西界沟，由铁道大队刘金山保护过津浦铁路，因湖面封锁，故在船上留宿数日。
	12月	赵若华接任铁道大队政委：原鲁南独立支队特派员兼滕沛边县公安局长赵若华奉命接任二支队(鲁南铁道大队)政委。
1944年	2月	独立支队调整：鲁南军事机构精简后，鲁南独立支队长董鸣春主持全面工作，张鸿仪任政委，杨广立任副政委。
	6月	南庄歼敌：湖西顽军侵占了独立支队驻地南庄。一、二大队（铁道大队）300人进行反击，毙敌80人，获步枪、山炮、子弹等，夺回南庄。
	8月2日	参军区英模大会：山东省战斗英雄代表大会在莒南召开，铁道大队徐广田被评为一等战斗英雄，亦称"列车英雄"。
	8月9日	高庄战斗：董鸣春率一、二大队对周侗之部马光汉团盘据的高庄发起攻击。激战9小时，毙俘600余人，获步枪、重机枪、手枪、子弹等。
	9月9日	奇袭伪区部：在中队长颜跃华带领下，化装成日军，奇袭伪区部，生俘伪军12人，获步枪15支、子弹126发。
	10月	联合攻赵坡：与微湖大队联合攻打赵坡之敌，激战3小时，毙敌88名，缴步枪146支、轻机枪2挺、手炮1门及电台、子弹、伪币10万元。
	10月	鲁南独立支队番号撤销：撤销独立支队组建鲁南二军分区，恢复鲁南铁道大队番号，刘金山、王志胜任正副大队长，张鸿仪、郑惕任正副政委。
	10月8日	攻打小武学：为扩大解放区，长枪队奇袭小武学据点，毙俘日伪军61人，缴枪9支。
	10月	第三铁路工委成立：鲁南区党委决定成立鲁南铁路第三工委，张鸿仪任书记，委员有郑惕、刘金山、冯克玉、马仲川等。
	12月	日特乞求谈判：日军"剿抉战术"失败后，惶惶不可终日，主动登门谈判，这在抗战史上是少见的。张鸿仪、郑惕、刘金山参加谈判。
1945年	1月中旬	山东军区表扬铁道大队：全省武工队代表会上指出："鲁南铁道大队是武工队的光辉榜样，为抗战胜利作出了卓越的贡献。"
	2月	下殷庄惨案：渡边一郎率20人到下殷庄抓捕情报员，刘金山闻讯前去伏击，渡边一郎被击毙，群众得救，但仍有7人在沙河遭杀害。
	2月23日	文立正牺牲：原铁道大队政委文立正在临城丁塘村开展工作，因叛徒告密，遭敌特袭击，不幸牺牲，时年34岁。
	5月7日	颠覆敌军用列车：为配合部队夏季攻势，铁道队将沙沟至韩庄段的铁轨和枕木的螺丝拆开并伪装好，造成军列翻车，铁路中断5天。
	6月	张鸿仪政委遇难：铁道大队在大官庄被包围，张鸿仪率部强占制高点，掩护部队突围，胸部受伤，抢救无效牺牲，时年33岁。
	8月18日	鲁南津浦铁路工委成立：鲁南区党委决定成立鲁南津浦铁路工委，书记王少庸，副书记靳怀刚，委员刘金山、郑惕、蒋得功、王玉林等。
	9月	后张阿村遭报复：铁道大队组织人员在三孔桥扒铁路，锯电线杆数十根，造成日军列车脱轨。次日，日军报复，烧掉后张阿村大部分房屋。
	9月下旬	郑惕率短枪队去徐州侦察：郑惕奉命带30名队员去徐州侦察敌情，准备迎接八路军接收徐州，因国民党军队抢先进驻，郑等人奉命撤回。
	10月	护送陈毅过路：陈毅军长在延安参加中央工作会议后返回山东，刘金山率短枪队护送。陈军长赞扬了铁道大队的抗日功绩。
	10月	为新四军当向导解放沙沟镇：新四军攻打沙沟镇，王志胜带部利用人地两熟有利条件，开展政治攻势。俘副团长以下400人，轻机枪、步枪共250余支。
	10月下旬	张光中司令会见太田：鲁南军区司令张光中赴沙沟会见日军联队长官太田时说："彻底缴械投降，保证你们的人身安全，郑惕是我的全权代表。
	11月	配合十九旅攻克姬庄：铁道大队奉命配合十九旅攻克姬庄，毙俘伪军70令人，缴获武器、弹药和战利品一宗。
	11月	沙沟受降：郑惕、刘金山指示分别与日联队长官和大队长官谈判，使日军千余人在沙沟附近缴械投降。收缴山炮轻重机枪、步枪1500余件。
	11月	兖州武工队整编为铁道二大队：奉鲁南军区命令，兖济武工队改编为鲁南铁道二大队，蒋得功任大队长兼政委。
1942年	2月、3月	鲁南铁道大队番号撤消：上级决定，鲁南铁道大队撤销番号，成立鲁南铁路局。3月，鲁南铁路局由滕县迁往枣庄，并进一步健全了组织机构。
	8月	重新组建鲁南铁道大队：为反击国民党反动派的猖狂进攻，重新组建了190余人的鲁南铁道大队，刘金山任大队长，蒋得功政委。
	11月	鲁南铁道大队番号再次取消：鲁南铁道大队番号再次取消，部队改编为鲁南军区特务团二营。

组织沿革和负责人名单

	名称时间	负责人	负责人	负责人
初创时期 一九三八年十月至一九四零年一月	枣庄抗日情报站 1938年10月至1939年10月	站 长:洪振海 副站长:王志胜		
	枣庄铁道队 1939年10月至1940年1月	队 长:洪振海 副队长:王志胜 赵连有		
巩固发展时期 一九四零年二月至一九四二年十二月	鲁南铁道队 1940年2月至1940年7月	队 长:洪振海 政 委:杜季伟 副队长:王志胜 赵连有	一分队 队 长:王志胜 副队长:赵永泉 李云生 二分队 队长:徐广田 副队长:曹德清	
	鲁南铁道大队 1940年7月至1942年12月	大队长: 洪振海(1941年12月牺牲) 刘金山(1942年5月任职) 政 委:杜季伟 副大队长:王志胜 赵永泉(1942年5月任职) 协理员: 赵宝凯(1942年4月任职)	1940年7月至1941年7月中队领导人 短枪一队 队 长:徐广田 副队长:曹德清 短枪二队 队 长:孙茂生 副队长:任秀田 李云生 短枪三队 队长:赵永泉 破袭队 队长:华绍宽	1941年7月至1942年12月 中(分)队领导人 短枪一分队 队长:徐广田 孙茂生 短枪二分队 队长:曹德清 副队长:李云生 短枪三分队 队长:赵永泉(兼) 长枪中队 队长兼指导员:赵宝凯 副 队 长:赵永良
编入鲁南独立支队时期 一九四二年十二月至一九四四年九月	鲁南独立支队二大队 (鲁南铁道大队)	大队长:刘金山 政 委: 杜季伟(1943年3月离职) 文立正(兼,1943年3月至5月) 杨广立(兼,1943年3月至5月) 赵若华(赵明伟) (1943年12月任职) 副大队长:王志胜 赵永泉(1943年2月牺牲) 协理员:赵宝凯 (1942年12月-1944年9月)	1942年12月至1943年5月中队领导人 短枪一队 队 长:徐广田王志胜(兼) 指导员:黄岱生 短枪二队 队 长:孙茂生 曹德清(1943年1月牺牲) 副队长:李云生 1943年1月牺牲 指导员:赵宝凯 短枪三队 队 长:赵永泉(兼,1943年2月牺牲) 指导员:魏尚武(1942年10月离职) 长枪队 队 长:张建中 副队长:赵永良 指导员:梁玉庆	1943年5月至1944年9月 中队领导人 短枪一中队 队 长:王志胜(兼) 指导员:黄岱生(1944年4月离职) 短枪二中队 队长:徐广田 副指导员:张再新 短枪三中队 队 长:孙茂生 指导员:梁玉庆(1943年9月离职) 长枪一中队 队 长:陈友吉 指导员:张英 长枪二中队 队长:徐广田 1943年6月离职; 郑林川 1943年6月至10月; 傅宝田 1943年10月至11月; 张适中 1943年11月-1944年2月; 颜耀华 1944年7月任职离职; 指导员:徐正明,1944年7月任职; 长枪三中队 队 长:(缺职) 指导员:刘依勤 长枪四中队 队 长:张绍顺(1943年9月牺牲) 刘钢(1943年9月任职) 指导员:张静波
抗日战争时期 一九四四年九月至一九四六年三月	鲁南铁道大队 1944年9月至1946年3月	大队长:刘金山 政 委: 张鸿仪(1945年6月牺牲) 郑 惕(1945年6月任职) 副大队长:王志胜 副政委: 郑 惕(1945年6月离职)	1944年9月至1945年11月中队领导人 短枪中队 队 长:孙茂生 指导员:张再新 长枪中队 队 长:徐广田 指导员:李德福	1945年11月至1946年3月中队领导人 短枪队 队 长:孙茂生 指导员:张再新 长枪队 队 长:徐广田 副队长:周建岐 指导员:李恒宗
解放战争初期 一九四六年八月至十一月	鲁南铁道大队 (1946年8月至11月)	大队长:刘金山 政 委:蒋得功	一中队 队 长:徐广田 周建岐 指导员:李恒宗 二中队 队 长:胡安良 指导员:周庆云	

第一任大队长
洪振海

　　洪振海，1910年生，山东省滕州羊庄镇大北塘村人。3岁时便随父母迁居枣庄火车站西北侧的陈庄，10岁起寄居七姐家。七姐移居淮南后他便只身在枣庄与王志胜等好友一起靠拣煤渣、拾破烂维持生活。之后，结交了许多铁路工人和煤矿工人，并学会驾驶火车和爬火车的本领。19岁那年当了矿工，并积极投身中共枣庄地方组织领导的工人运动。日军占领枣庄前夕，他随共产党员刘景镇参加了鲁南人民抗日武装起义，先后任义勇总队战士、班长、排长。1938年10月，他与王志胜被派遣回枣庄建立抗日情报站，并任站长。枣庄铁道队成立时，被推举为队长。鲁南铁道队建立时被委任为队长，合编为鲁南铁道大队时升任为大队长。1940年6月与齐村李桂贞结婚，1941年12月，在黄埠庄激战中壮烈牺牲，时年32岁。作为主要创始人，他为铁道游击队的创立和发展作出了卓越的贡献，鲁南军区政治部在他牺牲后追认他为中共正式党员。

第一任政委
杜季伟

　　杜季伟，又名杜成德，化名刘鹤亭，1911年生于山东省兰陵县（今苍山县）一个农民家庭。其父勤劳节俭供他读书，1933年杜季伟在临沂乡村师范毕业，教书两年，结识了共产党员宋宜安，并由其介绍参加了抗日游击队，受党组织派遣参加了滕县善崮抗日训练班，经徐仲林介绍加入了共产党。1938年10月被编入抗日义勇总队，提升为连长，很快又改任连政治指导员。1939年10月，随总队改编为苏鲁支队，并升任营副教导员。1940年被派到铁道队任政委，一直到1944年1月调任中共枣庄工委书记。杜季伟在铁道大队的数年间，为该部军政建设作出了突出贡献。此后，他又先后任枣庄工人支队司令员、鲁南军区特务团政委、中共凫山县委书记兼县大队政委、二十一团、徐州警备第一团政委、尼山军分区政治部主任、中共微山湖区工委书记，解放军炮十二师副政委、政委、炮五师政委、济南军区炮兵副政委等职，1981年6月离职休养，1983年8月病逝，终年72岁。

第二任大队长
刘金山

　　刘金山，1915年生于山东省枣庄市市中区（原峄县）蔡庄村矿工家庭，6岁丧母，8岁丧父，随祖母乞讨为生，12岁起到中兴煤矿干工，历尽艰难困苦。1938年参加抗日武装，反顽战斗负伤，伤愈后返回部队任大队部通讯员。1939年11月，因祖母病故离开部队，1940年9月参加鲁南铁道队，不久，任分队长，1941年1月加入中国共产党。第一任大队长洪振海牺牲后，刘金山被选为大队长，1942年5月被鲁南军区正式任命为大队长。他继洪振海后带领铁道队继续战斗在敌人心脏，特别在开辟和保护秘密交通线上建立了功绩。1945年8月日军投降后，他和政委郑惕一起奉命对驻临城一带日军迫降和和受降。1946年2月，鲁南铁道大队撤销，他任鲁南铁路管理局副局长、中共津浦铁道工委委员。1946年8月，他又任重建的鲁南铁道大队大队长。同年底，铁道大队再次撤销，他任改编后的鲁南军区特务团副团长兼二营营长，率部参加鲁南战役。此后，他先后任解放军华野四十七师一三九团副团长、一〇三师三〇七团团长兼浙江省兰溪县县委书记，浙江第八军分区参谋长、浙江省一〇三师、一〇五师、公安十七师参谋长、江苏省军区南通军分区副司令员、苏州军分区司令员兼苏州地委革委会主任、地委书记，南通军分区顾问等职，被授予大校军衔。参加了淮海、渡江等战役。1980年8月离职休养，1982年9月享受副军职待遇，定居苏州，1996年逝世，终年81岁。

第二任政委
文立正

文立正，原名文立征，字国道，湖南省衡山县东湖镇天柱村人，1912年生于一个贫农家庭。1934年考入北平辅仁大学化学系，其间参加了爱国学生运动。北京沦陷后，文立正随平津流亡学生到济南，山东沦陷后到武汉并加入共产党。不久被介绍到中共苏鲁豫皖边区特委工作，参加了抗日义勇总队的创建工作。后被派做地方抗日武装的统战工作。1939年10月后任运河支队政治处主任、副政委，鲁南军区第三军分区副政委兼政治部主任，后到沂河支队和鲁南军区工作。1943年春，任鲁南独立支队代政委兼铁道大队政委。1943年秋进山东分局党校学习，1944年秋任鲁南区二地委委员兼宣传科长。1945年2月22日在临城六区开辟工作时，因叛徒告密遭顽固派申宪武部袭击，不幸壮烈牺牲，时年34岁。

第三任政委
杨广立

杨广立，字泽普，1918年生，山东省滕州市（原滕县）柴胡店人，贫农出身。1936年10月加入共产党并任党小组长。1938年2月带7人到善崮抗日训练班受训，学习结束后编为滕县人民抗日义勇队，先后任政治战士、班长。编为抗日义勇总队后任二大队班长、中队指导员。部队改编后，先后任苏鲁支队、教二旅五团二营教导员、三大队政委。1943年3月任武工队副队长，5月任鲁南独立支队副政委兼铁道大队政委。1944年秋任鲁南第二军分区总支书记兼政治部组织股长。1945年8月后，先后任山东野战军第八师二十四团政治部主任、团政委、二十六军六十四师政治部主任、副政委、政委、六十团政委、南京军区政治部副主任等职，参加了宿（迁）北、鲁南、淮海、洛阳、开封、济南、渡江和浙东等战役，获二级独立自由勋章和二级解放勋章、一级红星勋章，被授予少将军衔。曾被选为党的九大和第四届全国人大代表。1997年病逝于南京。

第四任政委
赵明伟

赵若华，现名赵明伟，1919年生于山东省苍山县南桥镇赵家庄一个富裕农民家庭。幼年读高小。1938年10月参加临郯青救团，次年2月到山东纵队陇海支队特务营任连长，3月加入共产党。1939年夏调任该支队南进三大队特派员（保卫股长），后改任东进支队三大队特务连指导员，1941年12月调任沂河支队一大队副教导员。1942年10月，调任鲁南独立支队特派员。1943年5月任铁道大队政委兼沛滕边县公安局长。1944年9月任峄县公安局长。1945年后历任鲁南军区第八师政治部保卫干事、总务科长、华野第三纵队二十二军政治部总务科长。解放后历任三野七兵团暨浙江军区后勤部生产供应处副处长、浙江省军区干部文化学校校务处长、宁波军分区后勤处处长、杭州市下城区委常委、副区长、人大常委会副主任等职，荣获独立自由勋章和解放勋章。1983年10月离职休养。2011年病逝于杭州。

第五任政委
张鸿仪

张鸿仪，回族，1912年生，山东省枣庄市台儿庄镇人。枣庄中兴职业中等学校毕业，1936年8月加入共产党，积极投身抗日活动。1938年5月参加鲁南人民抗日武装起义，任抗日义勇总队中队指导员、三大队副教导员、教导员，1940年7月后又先后调任运河支队政治处副主任兼一大队政委、教二旅五团三营教导员，鲁南军区第一军分区政治部主任，鲁南独立支队政委兼鲁南区二地委委员、宣传部长，沛滕峄中心县委书记。1944年8月，改任鲁南铁道工委书记兼鲁南铁道大队政委，1945年5月带领鲁南铁道大队从山里整训结束后返回途中突遭敌人包围，在掩护部队突围时身负重伤，抢救无效牺牲于鲁南军区医院，时年33岁。

**第六任政委
郑惕**

郑惕，1923年生，山东省临沂县人。1938年8月，不满15岁的他经父亲（郑家荣，共产党员）介绍到共产党领导的临郯费三县边联办事处担任军法处文书。同年冬改任八路军山东纵队南进支队粮秣员、第十二支队政治部民运员。年底，到岸堤抗日军政干校学习，并加入抗日先锋队。岸堤毕业后转入山东鲁南艺术学校学习。1939年5月在鲁艺加入共产党。此后任游击中队班长、分队长、纵队直属队青年队长、苏鲁支队宣传队教员。1940年3月任苏鲁支队三营特派员、支队政治部锄奸干事、一一五师教二旅五团四大队特派员、团干部便衣队副指导员。1943年8月任鲁南军区第三武工队副队长兼齐村区委书记。1944年9月任鲁南铁道大队副政委、第三铁道工委委员。1945年6月，政委张鸿仪牺牲后，他接任其职务。参与主持了日军装甲部队迫降和与日特乞求的谈判等。1946年2月后历任鲁南铁路局特派员兼充徐段总段长、鲁南军区保卫科科长、徐州市社会部长、鲁南军区十六团政委、徐州警备司令部参谋处处长兼军法处处长、山东省公安厅武装部队处处长、山东省海防公安局副局长、华东公安部队十四师副师长、志愿军二十四军七十师副师长、公安军作战处副处长，赴苏学习后任公安军边防处处长、公安部四局副局长、武装警察部队副参谋长、第二炮兵司令部副参谋长、顾问、副司令等职，被授予中将军衔。曾当选为七届全国人大代表。离休后居北京。2003年病逝。享年80岁。

**副大队长
王志胜**

王志胜，1911年生，山东省枣庄市市中区（原峄县）陈庄人，出身贫苦。15岁时与洪振海结交，练就了一身"飞车"本领。18岁当矿工，参加了中共枣庄地方组织领导的工人运动。参加中共领导的抗日队伍后，任战士、班长、排长。1938年10月，他和洪振海一起被派回枣庄建立抗日情报站。此后，一直任枣庄铁道队、鲁南铁道队、鲁南铁道大队副队长、副大队长。1942年4月，他率部化装从微山岛突围，为铁道大队作出了特殊贡献。洪振海牺牲后，他又配合刘金山率队开辟和保护秘密交通线。1944年7月，在湖西反顽战斗中负重伤，被评为二等甲级残废。后任鲁南铁路局工会主任、枣庄市民主政府武装部长、河北省第四荣军学校股长、陶庄煤矿办公室主任、枣庄煤矿办公室主任、华东煤田地质勘探局一二三队副队长兼党总支书记，枣庄市政协第二届常委、枣庄市人大常委等职。1981年3月离职休养，1987年4月病逝，享年76岁。

**副大队长
赵永泉**

赵永泉，1911年生，山东省枣庄市薛城区（原峄县）大香城人。他是洪振海、王志胜早年的至交朋友，是情报站的早期情报员和铁道队初创时十余名队员之一，也是最早的中共党员之一，历任组长、短枪队分队长、中队长和副大队长等职。他平时寡言少语，待人和气，打起仗来沉着、老练、机智、果断，为铁道队屡立奇功。1941年8月乘夜攻打微山岛时，他令队员将两只公鸡洒满汽油，点燃后扔到伪军住的房顶上，使伪军营房顿时火起，赵永泉率部顺利歼灭乱了阵的伪军。他每次战斗都是身先士卒，冲锋在前。1943年2月24日在指挥一次敌众我寡的战斗中不幸中弹牺牲，时年32岁。其妻胡继兰继承夫志，积极为铁道队出力，且将年仅13岁的长子赵德太送到铁道队当了一名小队员。

烈 士 英 名 录

姓 名	性别	出生年月	籍 贯	参加革命时间	政治面貌	牺牲时任职	牺牲时间及地点	安葬地点
洪振海	男	1910年	滕州市羊庄镇大北塘	1938年3月	共产党员	大队长	1941年12月微山黄埠庄	大北塘
张鸿仪	男	1912年	枣庄市台儿庄镇	1936年8月	共产党员	大队政委	1945年5月费县荆山寺	费县城郊
孟昭煜	男	1918年	滕州市羊庄镇土城村	1936年夏	共产党员	大队政委	1943年3月大香城南	大番城
赵永泉	男	1917年	枣庄市薛城区大香城	1938年底	共产党员	副大队长	1943年2月西巨山	蔡庄村
王建安	男	1917年	山西省洪洞县	1937年底	共产党员	大队敌工干事	1943年3月大香城南	大番城
曹德清	男	1914年	枣庄市市郊乡佟楼	1938年	共产党员	中队长	1943年1月微山县西万村	蒋庄村
李云生	男	1918年	枣庄市中区南马路	1938年	共产党员	副中队长	1943年1月微山县西万村	蒋庄村
泰明道	男	1881年	枣庄市薛城区彭楼村	1933年	共产党员	情报站长	1942年5月彭楼村	彭楼村
徐德福	男			1944年	共产党员	分队长		
杨家成	男	1903年	枣庄市薛城镇南临城	1937年4月	共产党员	分队长	1944年微山县西万村	大河湾
王金河	男	1916年	枣庄市薛城镇五街	1937年	共产党员	分队长	1943年1月微山县姬庄	古井村
杨玉玺	男	1915年	枣庄市北庄镇杨泉村	1939年3月		副分队长	1944年3月枣庄市郊	市郊
曹德全	男	1918年	枣庄市郊乡佟楼村	1938年底		通讯员	1941年8月薛城六炉店	六炉店
李友哲	男	1911年	枣庄市齐村镇杨岭村	1934年		队员	1941年枣庄市郊	枣庄
李友泽	男	1907年	枣庄市中区顺河街	1939年		队员	1940年枣庄市郊	枣庄
王莲	男	1917年	枣庄市薛城镇古井村	1939年		队员	1941年秋微山县蒋庄	蒋庄
朱其金	男	1925年	枣庄市薛城镇古井村	1939年		队员	1942年12月东巨山村	东巨山
徐广才	男	1919年	枣庄市中区青檀北路	1939年	共产党员	班长	1944年9月临城北关	临城
徐广松	男	1911年	枣庄市中区青檀北路	1939年		队员	1943年7月东巨山村	枣庄
张建富	男	1922年	枣庄薛城金河刘庙村	1940年		班长	1943年彭口闸村	小南山
张继湖	男	1913年	枣庄市薛城常庄孟岭	1936年11月		队员	1942年济南市郊	济南
吕宜磊	男	1913年	枣庄市薛城沙沟镇吕沟	1936年6月		副班长	峄县王楼村	吕沟
王玉蓬	男	1916年	枣庄市薛城兴仁村	1942年		队员	临城郊区	兴仁村
李其厚	男	1928年	枣庄薛城南石大吕巷	1939年		队员	1943年1月微山县西万村	蒋庄
张广才	男	1921年	枣庄山亭北庄郭山沟	1939年	共产党员	小队长	1944年薛城郊区	郭山沟
孙成启	男	1913年	枣庄市中永安乡 庄	1939年7月		队员	蔡庄村	聂庄
常尚连	男	1911年	枣庄市薛城常庄村	1942年8月		队员	1945年2月临城西托	常庄
常尚珠	男	1912年	枣庄市薛城常庄村	1942年8月		队员	1944年10月临城	常庄
张亮文	男	1919年	枣庄薛城常庄六炉店	1939年9月		队员	1942年2月峄县刘村	六炉店
庞继政	男	1927年	枣庄薛城沙沟镇庞庄	1943年		队员	苍山县	庞庄
王广志	男	1927年	枣庄薛城周营张西村	1943年10月		班长	1945年8月微山县欢城	张西
王广善	男	1918年	枣庄市中区工农街	1944年		队员	1945年1月临城镇	临城
张恒喜	男	1908年	枣庄市薛城西丁桥村	1942年5月		队员	1945年3月临城镇	西巨山
曹修柱	男	191 年	枣庄市薛城	1944年10月		队员	1946年2月临城镇	常庄
崔玉礼	男	1910年	枣庄市峄城镇刘村	1941年		侦察员	1946年台儿庄区板桥村	板桥
宁如云	男	1920年	枣庄市峄城区古井	1945年8月		队员	1945年12月临城	临城

铁道游击队在敌占区坚持抗日斗争形势图

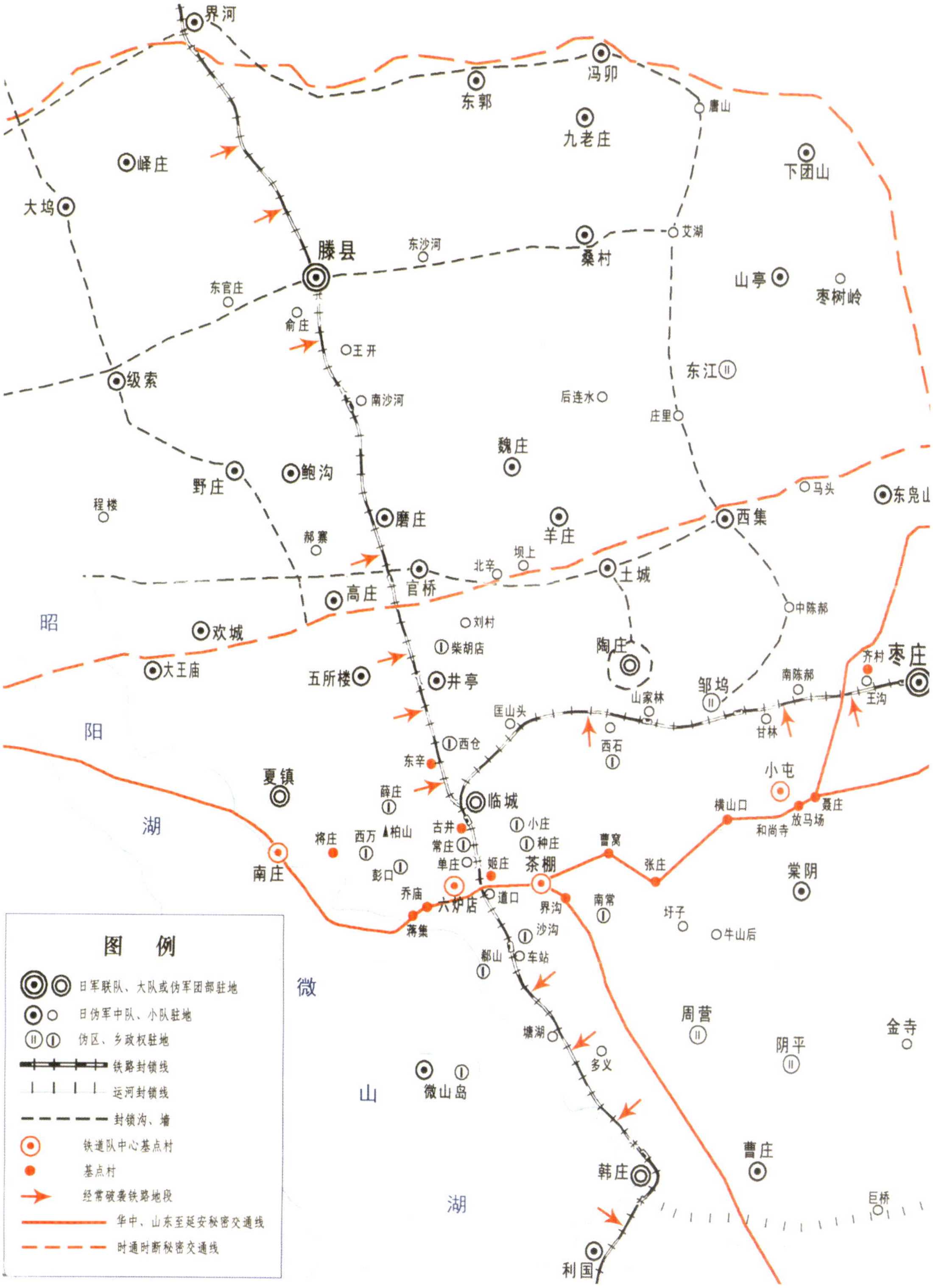

图例

- ◉◎ 日军联队、大队或伪军团部驻地
- ◉○ 日伪军中队、小队驻地
- ⑪① 伪区、乡政权驻地
- ┿┿┿ 铁路封锁线
- ┃┃┃ 运河封锁线
- ┅┅┅ 封锁沟、墙
- ◉ 铁道队中心基点村
- ● 基点村
- ➤ 经常破袭铁路地段
- ━━ 华中、山东至延安秘密交通线
- ┅┅ 时通时断秘密交通线

杜季伟（中右）王志胜（中左）讲革命故事

王志胜（中）向民兵进行革命传统教育

赵若华（赵明伟）对青年学生进行传统教育

郑惕（右二）接受新闻部门采访

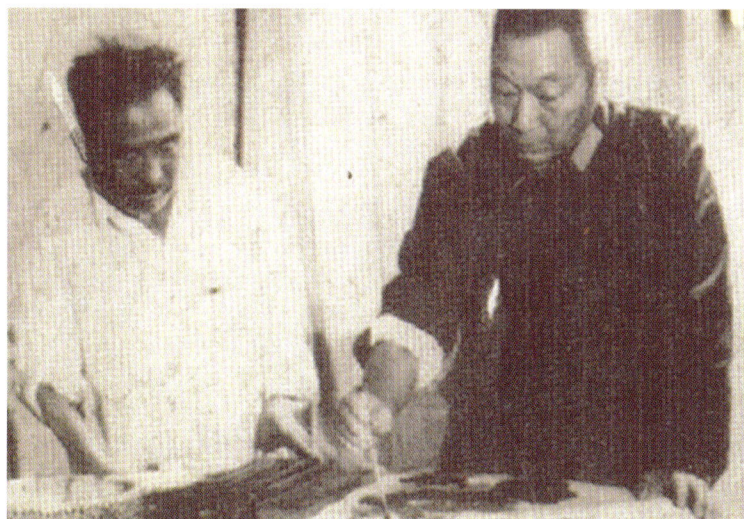

杜季伟（右）为王志胜（左）挥笔作画

部分铁道游击队员合影

部分铁道游击队员合影

杨广立与战友合影

部分铁道游击队员合影

部分铁道游击队员合影

部分铁道游击队员合影

刘知侠与张书太合影

刘知侠（左一）和铁道游击队员

周庆云（中）与战友留念

部分铁道游击队员合影

微 山 湖

电影《铁道游击队》插曲

张鸿西 词
吕其明 曲

1=bA 4/4

山东民歌风

```
(5.  6 5.  2 | 5 6 5 3.4 3 2 1 6 1 6 | 1.2 3 5 2 2 3 2 7 | 6 3 5 7 6 5 -)

2 5 3 2 3 1  2 - | 3 3 5 7.6 5 6 1.6 | 2 2 5 5 3 2 2 3 2 7 | 6 3 5 7 6 5 -
微山湖  哎  阳光闪   耀，  蹦蹦白帆  好像    云儿飘，
微山湖  哎  卷起春   潮，  朵朵浪花  在把    英雄找，

1 1 1 3 5 6 6 6 0 3 | 2 7 6 1 5  6 - | 1.2 3 5 3 2 3 7 2 6
是谁又在  弹唱    主 琵 琶？  听   春风传来
当年抗日 楚儿  何 处 去？  看   青松巍巍

3 2 7 6 5 6 5  - | 5.  6 5.  2 | 5 6 5  3.4 3 2 1 6 1.
一片 歌    湖.  哎嗨哟   哎嗨依   哟.
绿水 清    湖.  哎嗨哟   哎嗨浓   哟.

2 5 3 2 1 2 7.3 2 7 6 5 6 | 0 3 2.3 5 5 7 0 3 | 2.6 7 2 6 3 5 7 6
俺铁道  游击队，   为国  为民  立下    大 功
他铁道  游击队，   丰功  伟绩  人民  永远忘 不

5. 6 5 - | 5. 6 5. 3 | 2.6 7 2 6 3 5 7 6 | 5 5 6 5 -
劳.坊哟  了.嗨哟 人民  水远忘  不  了.嗨嗨哟
```

传 承

CHUANCHENG

铁 道 游 击 队 图 史

　　铁道游击队的光辉历史是中国人民轰轰烈烈抗战史的一个缩影。勇士们的英雄事迹感天地泣鬼神，他们创造的传奇故事为世人传颂。抗战胜利后，特别是中华人民共和国成立以后，人们难忘他们惊天动地的战斗事迹，用各种方式传扬他们的英名，呼唤和平和安宁，牢记历史的教训，用双手和智慧建设伟大的祖国，使强大的中国永远不再遭受外侮的欺凌，永远唱响那"动人的歌谣"。

中共中央总书记、中央军委主席习近平，2006年9月21日
时任浙江省委书记、省军区第一书记时视察该部。

1957年3月，彭德怀元帅，陈赓、黄克诚、
谭政大将等视察该部队

1963年5月，国防部原副部长、南京军区司令员
许世友与该部队部分干部合影

铁道游击队精神永远传承

　　1944年10月，根据鲁南军区命令，独立支队撤销番号，在滕西徐家楼成立鲁南二军分区，除留下50名短枪队员继续坚持游击战，鲁南铁道大队主力约600余人（4个长枪中队、3个短抢中队）均编入鲁南二军分区。

　　1945年8月，鲁南二军分区主力编为山东解放军第八师24团。

　　1947年1月22日，改编为华野三纵8师24团……

　　历经多次整编改编，现为驻守祖国东大门——舟山群岛的73232部队。

　　这支流淌铁道游击队血液，传承铁道游击队传统的光荣部队，战争年代立下了赫赫战功，和平时期为巩固海防和支持保障现代化建设作出了巨大贡献。党和国家领导人多次视察该部。

原中央军委委员、总参谋长陈炳德，
1997年4月时任南京军区司令员时视察该部。

国务委员兼国防部长梁光烈，2000年6月
时任南京军区司令员时视察该部。

中央军委委员常万全，2009年12月时任
中央军委委员、总装备部部长时视察该部。

中央军委委员、总后勤部部长赵克石，
2012年8月时任南京军区司令员时视察该部。

追寻老前辈足迹　传承游击队精神

2010年3月，舟山警备区副政委兼政治部主任徐维春带队开展"追寻老前辈足迹"活动。

2010年3月，73232部队部分官兵随警备区"追寻老前辈足迹"活动组到枣庄铁道游击队展览馆参观学习。图为政委何军毅与馆长潘福安互赠慰问金和书籍。

2010年4月26日，舟山警备区司令员王治平(右二)、政委蓝荣崇（左二）率全体机关干部参观铁道游击队历史展览。

浙江省军区政治部主任郭正钢，2011年1月20日时任舟山警备区政委时，莅临指导73232部队团史馆建设。

2011年1月25日，潘福安与现任浙江省丽水军分区政治部主任、时任73232部队政委何军毅（左三）、团长陈新照等领导共同研究部队团史馆建设工作。

2010年4月，枣庄铁道游击队展览馆到73232部队驻地舟山市岱山县举行巡回展览。图为馆长潘福安向驻地军民讲解铁道游击队历史。

2012年9月，潘福安与73232部队团长宣懿范（右二）、政委许康波（左二）、副团长田克义（右一）、副政委王意东（左一）共同研究部队团史馆建设工作。

建立铁道游击队纪念碑

　　鲁南铁道大队在中国共产党的领导下，为了中华民族的解放，与日本侵略者进行了殊死的搏斗，在铁路线上神出鬼没地和敌人斗争，创造了惊人的战斗事迹，打得敌人心惊胆战，显示了党所领导的游击健儿的神威。其功高如山，天地长存，为世人称颂。他们的英雄故事早在抗战时期就在枣庄和山东抗日根据地广为传颂。

　　为了发扬铁道游击队精神，纪念在民族解放战争中献出宝贵生命的先烈，中共枣庄市委、市政府，微山县委、县政府分别在薛城（原临城）临山上和微山岛上修建了铁道游击队纪念碑，永志纪念。杨尚昆、王震分别题写了碑名。

铁道游击队纪念碑（微山岛）

铁道游击队队员等在纪念碑前合影（薛城临山）

编辑鲁南铁道大队纪实等

　　鲁南铁道大队在枣庄党史上有着重要位置，枣庄市委党史办公室历时4年，广泛收集资料，寻访铁道大队队员和当地群众，召开队员座谈会等，编辑出版了《鲁南铁道大队纪实》一书，比较全面、真实地反映了铁道大队的战斗历史和英雄事迹，成为一部宣传铁道游击队和进行爱国主义教育的教科书。其中铁道队队员们的回忆文章更是不可多得的珍贵资料。枣庄人民也难忘老英雄，文艺工作者们把他们的事迹编成戏剧上演，有关部门编印了铁道游击队的书籍资料等。

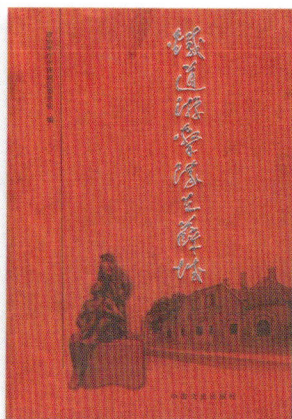

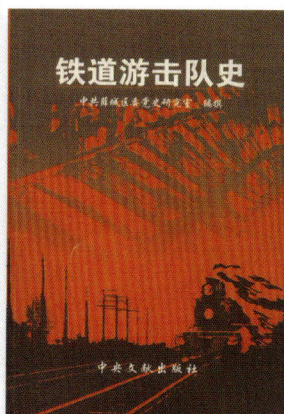

中国人民抗日战争纪念馆铁道游击队展品

枣庄日报社编辑出版《铁道游击队队员掠影》

铁道游击队荣誉队员刘知侠与铁道游击队

铁道游击队威名远扬，刘知侠功不可没。刘知侠，又名愚侠、知侠，是鲁南铁道大队的荣誉队员。1918年生于河南汲县，1991年9月3日逝世，享年73岁。1943年夏，他参加了山东军区召开的全省战斗英雄大会，听了徐广田的战斗报告。会后他采访了徐广田和正在党校学习的杜季伟，被英雄们的战斗事迹所感动，创作了纪实小说《铁道队》，刊登在《山东文化》上，颇受欢迎。1944年至1945年间，刘知侠应鲁南铁道大队之邀，两次到铁道大队体验英雄的战斗生活，进一步采访了他们的英雄事迹。1946年春节，刘知侠被授予荣誉队员称号，并受命以鲁南铁道大队英雄事迹为素材，创作小说《铁道游击队》。1952年着手创作，1953年出

版，此后多次再版，总计印数400万册，还先后译成俄、日、英、法等8种外文。刘知侠的夫人刘真骅改写的《铁道游击队》（少年版）被列为团中央向全国青少年推荐书目。根据小说改编的电影、电视连续剧、连环画也相继问世。

刘知侠夫人刘真骅追忆刘知侠先生

刘真骅女士被枣庄铁道游击队展览馆聘为名誉馆长

纪念铁道游击队创建60周年展览隆重开幕

《纪念铁道游击队创建60周年展览》于2000年10月1日在枣庄市博物馆开展。中共枣庄市委、市政府、人大、政协及有关单位负责同志、老铁道游击队队员代表、家属、各界人士千余人出席开幕式。原铁道游击队政委、二炮副司令员郑惕中将专程来枣庄为展览开幕剪彩。少年儿童向英雄的老铁道游击队队员献上鲜花。市委、市政府领导及郑惕将军讲话，对潘福安同志实践"三个代表"重要思想，自觉发挥共产党员的模范作用，在当前市场经济条件下，为弘扬爱国主义精神，进行革命传统教育自筹资金举办展览活动的行

郑惕将军等为展览剪彩

动，给予了高度评价和赞赏，并号召大家向他学习，努力为振兴中华做出自己的贡献。郑惕将军为潘福安同志题词："报国精神 永世长存"。

社会各界代表出席开幕式

2003年，枣庄市人大副主任金麟云（左六）、副市长纪洪波（左五）、政协副主席孟昭泰（左四）参加在滕州市龙阳镇举办铁道游击队展览活动。

铁道游击队展览馆成立

为了弘扬中华民族精神，教育激励后人为振兴中华而努力奋斗，把爱国主义教育展览活动长期进行下去，经批准，成立了《枣庄铁道游击队展览馆》，并得到社会各界的大力支持。

迟浩田为铁道游击队展览馆题名

本报讯 王彬、沈为民报道：近日，国家中央军委副主席、国务委员兼国防部长迟浩田为"枣庄铁道游击队展览馆"题写了馆名。枣庄铁道游击队展览馆，是枣庄国土资源局干部潘福安在举办铁道游击队展览的基础上，于2000年申请民政局批准成立的。潘福安自筹资金10多万元，行程7万多公里，将收集的铁道游击队实物和图片等制成展板，先后在机关、学校、乡村、部队巡回展览，接待参观者10多万人。

枣庄铁道游击队展览馆

迟浩田

枣庄市人民政府

枣政字（2003）18号

枣庄市人民政府
关于建设铁道游击队展览馆的批复

枣庄铁道游击队展览馆：

你们《关于建设铁道游击队展览馆的请示》（枣铁展馆字〔2003〕第6号）收悉。市政府原则同意，现将有关问题批复如下：

一、铁道游击队展览馆可选址在铁道游击队诞生地和主要战斗地--市中区，以"陈庄"、"沙沟"、"枣庄火车站"等战斗遗址作依托。

二、铁道游击队展览馆作为我市未来的爱国主义教育和国防教育基地，要高标准规划设计，具体设计方案需经

—— 1 ——

枣庄铁道游击队展览馆名誉馆长欧阳中石先生审定《铁道游击队图史》样稿，并题词。

《中国红色旅游指南》编委会
致全国一百个红色旅游经典景区（点）的函

枣庄铁道游击队展览馆

2005年版《中国红色旅游指南》一书是由中宣部《党建》杂志、红旗出版社、中国红色旅游网等多家有关部门及众多红色旅游经典景区（点）负责人，共同参与并联合推出的一部全面反映我国红色旅游现状的书籍，由中宣部副部长、中央文明办主任、全国红色旅游工作协调小组副组长刘振民本作序，书中包括了具有重要指导意义的纲领性文件、全国一百个红色旅游经典景区（点）概况、各地红色旅游先进经验和专家对红色旅游建设的建议等多项内容。可以说，本书内容丰富、图文并茂、品位尊贵，不仅能满足不同层次人群的需要，同时也具有重要的典藏价值。

发展红色旅游是一件非常重要而又严肃的事情，作为图书宣传，一定要做到真实、全面、客观、公正。因时间仓促和旅游景区不断建设与发展等原因所致，2005年版本书中提供的某些信息与事物的发展可能会有失偏之处，为纠正这一遗憾，编委会将本书奋斗一年，敬请谅解。同时，我们将着手2006年度本书的修订工作，特请景区依据要求提供最新的相关旅游信息。

有关注意事项通知如下：

1、需要的资料：请提供景区尽快换取详细的信息，内容请见附表一（全国百个红色旅游经典景区介绍）。可用文字和照片形式寄给本书编委会，也可发电子邮件（E-mail）；

2、超值服务：对于所寄景区材料，我们将免费在《中国红色旅游网》上，分别为各景区制作专题进行宣传报道；

3、截稿日期：2005年10月31日；

4、本书编委会联系方式：
地址：北京市西单宜内大街教育街2号楼3单元201室；
邮编：100031 电话：（010）66050383、13811809088；
传真：（010）66050383；E-mail：ss88@vip.sina.com

2005年8月28日

枣庄铁道游击队展览馆名誉馆长、中国人民武装警察部队副司令员潘昌杰中将接见铁道游击队展览馆馆长潘福安，并为铁道游击队题词。

中共枣庄市委书记、市人大主任陈伟，市委副书记、市长张术平，市政协主席邓滕生，市委副书记梁宪廷等领导在市中区委书记、区人大主任王刚，区委副书记、区长于良等陪同下，视察铁道游击队诞生地市中区经济发展工作。

2001年11月7日，时任枣庄市委副书记市长马金忠、市委常委宋希武、杜德昌、枣庄军分区司令员徐守福、副长纪洪波等领导参观展览。

时任市委副书记杜学平、枣庄军分区政委宋希武、副市长纪洪波等参观展览。

郑惕将军夫人李慧芹老人向展览馆捐赠郑惕将军收缴沙沟日军投降时的指挥刀。

老八路许敏早向展览馆赠送革命文物。

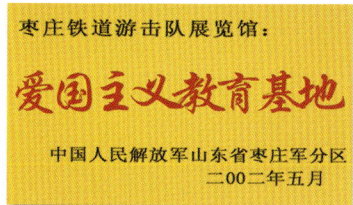

枣庄铁道游击队展览馆：
爱国主义教育基地
中国人民解放军山东省枣庄军分区
二00二年五月

共建：
爱国主义教育基地
中国人民抗日战争纪念馆
枣庄铁道游击队展览馆
二00三年八月十五日

奖给山东省国防教育
先进个人
山东省人民政府 山东省军区
二00一年九月

举办纪念建党八十周年，抗战胜利展览

为纪念中国共产党建党八十周年，2001年6月29日上午10点，中央电视台一套节目新闻播出报道，对潘福安的爱国主义行为给予了高度评价。称这也代表了鲁南抗日革命根据地老区人民的心愿。

中央电视台于2001年7月1日举办建党八十周年特别节目，下午5时30分，"旗帜"时段播出了由《实话实说》节目邀请铁道游击队展览馆（潘福安）、奇袭（张魁印）、智取华山（刘吉尧）、上甘岭（张计发）、红岩（杨益言）、铁道游击队（张静波）等单位和英雄、作者代表一起录制的"在战斗里成长"节目。

崔永元与潘福安、潘兴光、潘兴亮共同录制节目

枣庄铁道游击队展览馆向中国人民抗日纪念馆捐献文物

中国抗日战争暨世界反法西斯战争胜利58周年纪念活动在卢沟桥畔举行

铁道游击队展览馆馆长潘福安（后排左一）、铁道游击长枪队指导员张静波（前排左一）《红岩》作者杨益言（前排左二）、上甘岭连长张计发（前排左三）、智取华山侦察排长刘吉尧（前排左四）、奇袭侦察排长张魁印（前排左五）与著名主持人崔永元（后排左二）一起制作《在战斗里成长》节目后留影。

该节目于2011年7月1日在中央电视台纪念中国共产党成立80周年特别节目"旗帜"中播出。

《铁道游击队展览》万里行活动

在侵华日军南京大屠杀遇难同胞纪念馆巡展

在广东东江纵队纪念馆巡展

在长春伪皇宫博物馆（东北沦陷时陈列馆）巡展

在天津平津战役纪念馆巡展

2002年9月2日，日本学者中野彻专程从日本来展馆参观并留言

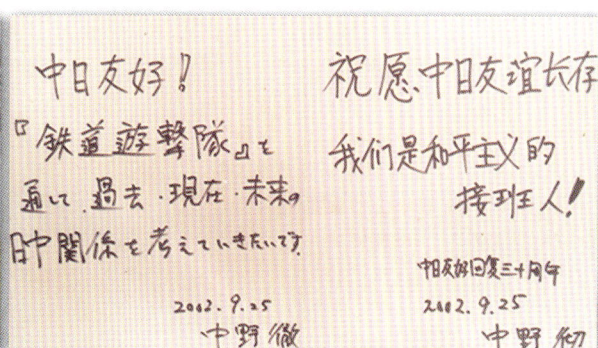

领 导 关 怀

　　爱国主义、民族精神是中华民族前进的动力和不竭之源。枣庄铁道游击队展览馆自成立以来得到各级领导及社会各界人士的关注和大力支持，并来馆视察、指导、听取工作汇报及题词。

国防大学原校长朱敦法上将（左一）听取汇报

向中宣部原副部长、文化部原代部长贺敬之（右一）汇报工作

中国人民解放军原副总参谋长李景上将（左一）听取陈昶轶同志汇报展览筹备工作

中央台办原主任杨斯德将军接受展览馆聘任

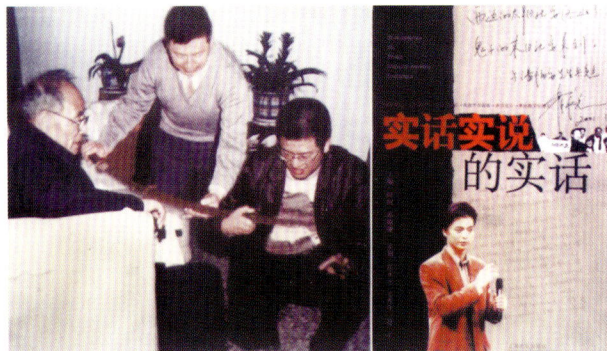

中央电视台"实话实说"栏目主持人崔永元为铁道游击队展览馆馆长潘福安题字，策划人海啸采访原铁道游击队政委、二炮副司令员郑惕中将，并观赏他收缴的日本指挥刀

总装备部指挥技术学院原副院长贺茂之将军（左一）听取展览筹备工作汇报

本书主编潘福安（左三）与郑惕将军家人合影

武警部队副参谋长杨斌将军（中）会见《铁道游击队图史》编撰人员潘维强、潘福祥、潘福安、潘明方

向二炮原副政委、全国政协常委罗东进中将汇报工作时合影

国家烟草局纪委书记潘家华（右一）接见潘福安

与国家文物局原局长张文彬合影

与中国抗战史学会会长何理将军合影

与原铁道游击队刘金山大队长夫人徐淑华（中）合影留念

功在国家史
在留青
铭

徐向前 题
一九九〇年六月

徐向前元帅题词

忠魂绕故里
纵死铁骨香
薄一波题

一九九〇年十一月

原中央政治局候补委员、国务院副总理薄一波题词

英勇奋战歼敌日
总结完成津浦
路战略
雄业绩永载史册

张爱萍

国务院原副总理、国务委员兼国防部长张爱萍上将题词

铁道奇兵威震敌胆
枣庄儿女扬名中华

杨得志
一九九〇年十二月

原中共中央政治局委员、中国人民解放军原总参谋长杨德志上将题词

铭记英雄业绩
弘扬民族精神

洪学智　一九九○年六月

全国政协原副主席、解放军原总后勤部部长、政委洪学智上将题词

缅怀抗日英雄
弘扬民族精神

迟浩田　一九九○年七月

中央军委原副主席、原国务委员兼国防部长迟浩田上将题词

游击显神兵
铁道传英名

乙亥春　为铁道游击队纪念馆

廖汉生

全国人大原副委员长廖汉生中将题词

英雄集体先烈
业绩人民功臣
功垂国史

值纪念铁道游击队及墙主六十周年
二○○五年八月廿六日　李景上将题

中国人民解放军原副总参谋长李景上将题词

雄氣長存

为英勇善战的铁道游击队数写

公元二〇〇四年 朱敦法

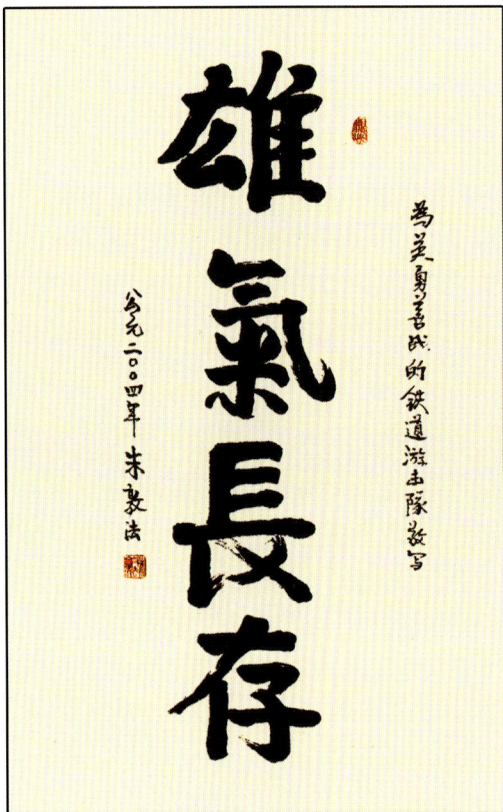

中国人民解放军国防大学原校长朱敦法上将题词

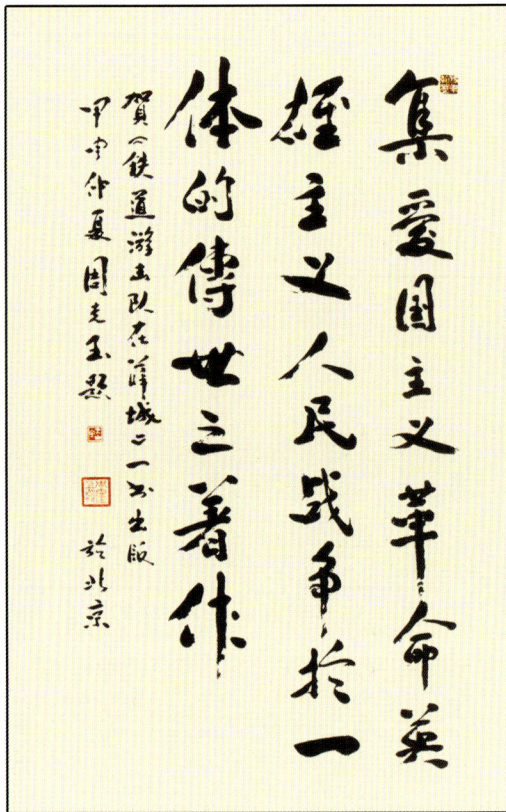

集爱国主义革命英
雄主义人民战争於一
体的传世之著作

贺《铁道游击队在峄城》一书出版
甲申仲夏 周克玉题 於北京

中国人民解放军总后勤部原政委周克玉上将题词

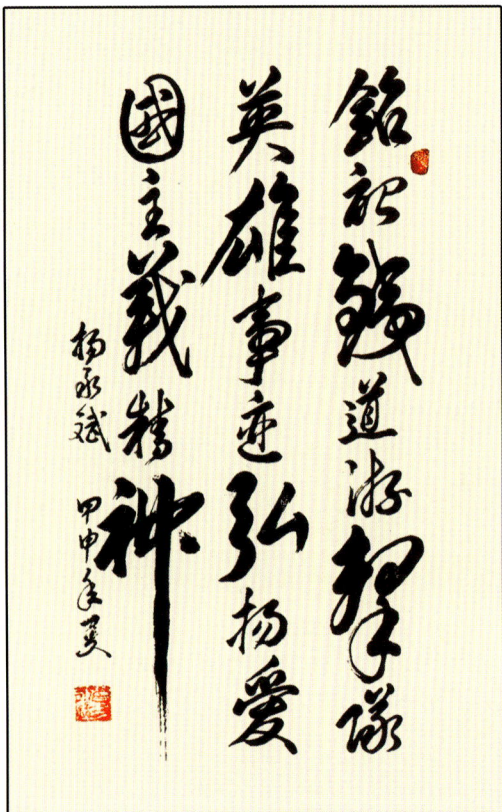

铭记铁道游击队
英雄事迹弘扬爱
国主义精神

杨永斌 甲申冬

中国人民解放军军事科学院杨永斌中将题词

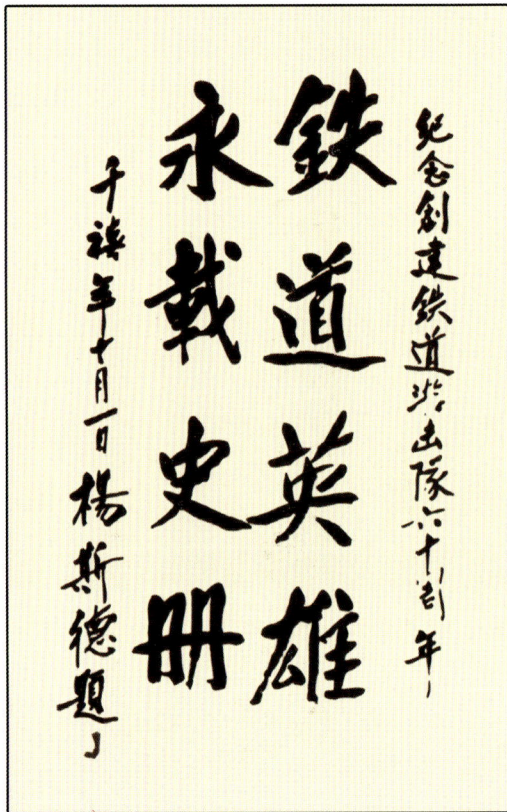

铁道英雄
永载史册

纪念创建铁道游击队六十周年
于祥年十月一日 杨斯德题

中共中央对台办原主任杨斯德将军题词

细读羊令光互采颀
铭记天屋人民忍将
宏揭龙十戈军传统
详写因然渊初新篇

铁道游击队原政委、二炮副司令员郑惕中将题词

金戈铁马愿虎队
民族之光英名传

二〇一五年十月十七日 刘培植

老红军、农业部原副部长（正部级）刘培植题词

铁骨铮铮英雄汉
赤胆忠心为人民

乙亥年仲夏 刘金山

铁道游击队原大队长、南通军分区副司令员刘金山（副军职）题词

扬扬铁道精神
传承爱国情怀

枣庄铁道游击队事迹展览馆
纪念全国抗战爆发七十周年书赠
何理于北京

中国抗日史学会会长何理将军题词

奋斗

孙毅

数风流人物
还看今朝
李真

中国人民解放军总参谋部原顾问孙毅中将题词

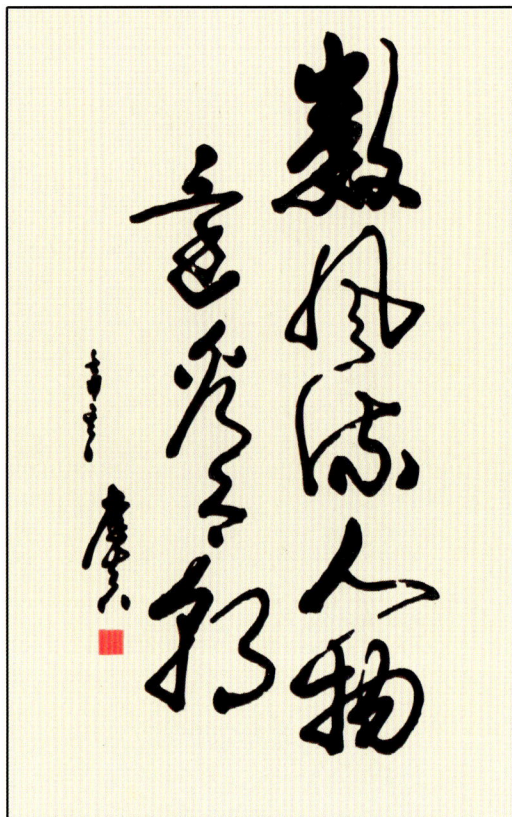

中国人民解放军总后勤部原副政委李真将军题词

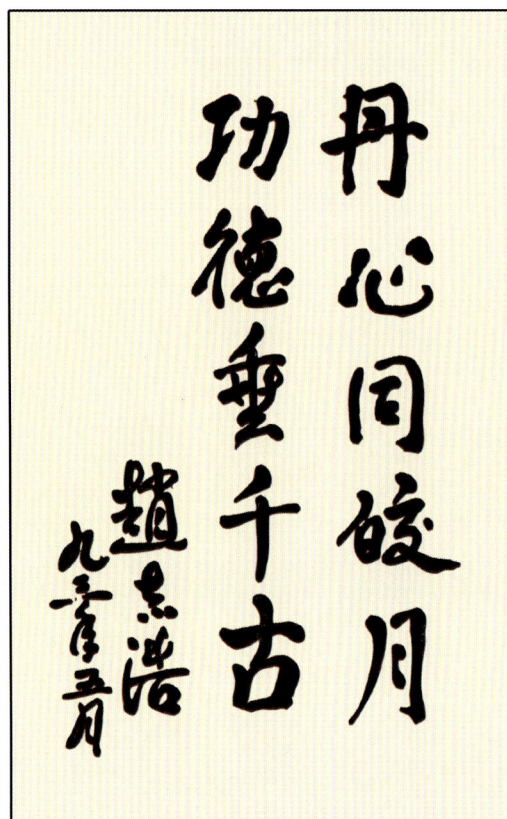

功德垂千古
丹心同皎月
赵志浩
九六年五月

弘扬英雄精神
建设可爱家乡
李宜俊
贺铁道游击队图史创建六十周年

中共山东省委原书记、省人大原主任赵志浩题词

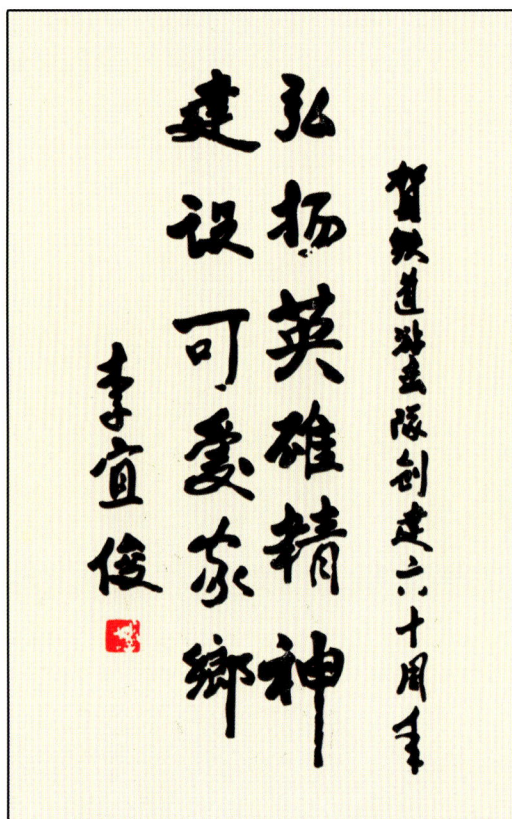

中国人民解放军原总检察长李宜俊将军题词

传奇的故事
动人的歌径

为铁道游击队题

津滔

驰逐侵魔建奇功
革命精神励后人

纪念铁道游击队题词

辛卯年 李家祥

交通运输部副部长、中国民用航空局局长 李家祥（正部级）将军题词

人民武警出版社社长高津滔博士题词

庆祝中国共产...

让铁道游击队精神弘扬光大

齐鲁晚报

潘福安情系铁道游击队

大众日报
DAZHONGRIBAO

留住
"那动人的歌谣"

—潘福安自费举办铁道游击队展览的故事

□ 苏 进 杨家山 王 彬 孙慎国

潘福安(右二)全家到北京举办展时留影

今年7月1日,在中央电视台播放的庆祝中国共产党成立80周年"战斗里成长"专题节目中,有一个令人难忘的镜头:6位特邀嘉宾中,5位是为共和国诞生出生入死、年过花甲的老英雄,另一位却是来自《铁道游击队》故乡—山东省枣庄市的普通共产党员潘福安。

生在新中国、长在红旗下的潘福安,为何与胆同老功臣们一起走进中央电视台演播大厅?原来,潘福安为举办铁道游击队事迹展览,行程7万余公里,举债成5万元,甚至抵押了房产。"八一"前夕,我们踏访枣庄,走进潘福安居住的光明小区,走近潘福安。

"我是听铁道游击队故事长大的"

在一套简朴的两居室里,我们见到了现任枣庄市国土资源管理局高级统计师的潘福安。说起我们来意之后,他开门见山地说:"我是听铁道游击队故事长大的,宣传铁道游击队英雄打鬼子的事迹、弘扬铁道游击队的革命精神,我责无旁贷的义务……"

潘福安告诉我们,他的父亲和铁道游击队队长王志胜在《铁道游击队》中王强的原型)是老乡亲,他从小就常听老英雄讲道游击队打鬼子的故事。上小学时,他就把小说《铁道游击队》的片段背诵下来。说到动情处,他一口气地哼起了电影《铁道游击队》的插曲:"西边的太阳就要落山了,微山湖上静悄悄,弹起我心爱的土琵琶,唱起那动人的歌谣……"

当我们问起潘福安为什么要自费举...

办铁道游击队展览时,他给我们讲起了生活中遇到的一件事:有一次他出去上海,同住一室的房客知道他是枣庄人时,便问道,铁道游击队的亲儿是来自《铁道游击队》的家乡吗?

这一说竟让潘福安难以入眠,铁道游击队的英雄伟就在眼前:拍着胸膛迎着日本狗牙咧齿的刺刀……的队思怀玉,竟冒着敌地对队枪挽身去抢救……

北京归来,潘福安按郑将军提供的线索,先后拜访了第二任大队长刘金山、第三任政委杜立、第四任政委赵若华(现老赵明祖)、指导员张静波、队员程怀玉和张士银等十几位原铁道游击队的老英雄。他还与原中共鲁南津浦铁路工委副书记记新怀彬等一直保持书信。

"就是掉十斤肉也要办成这件事"

当谈起办展览的准备工作时,潘福安感慨万分地说:"事情办起来真难啊!一是要有藏品,还要材料和展览场地。"

为了能更多地收集一些珍贵的实物、史料,从1989年起,潘福安就上南下,通过英雄谈话、千方百计抢救铁道游击队的遗物、旧品,先供他挑选。铁道游击队员用的烟嘴、药瓶、酒盅、日本侵略军用的军刀、炮弹、驱运链等100件珍品,400多条资料,记录着潘福安的一路风尘。

"困难再多我也要把展览办下去"

为纪念铁道游击队创建60周年,潘福安经过多方努力,于2000年10月1日在枣庄市博物馆举办了首展。

潘福安告诉我们,首次展览一直持续10天,每天都要接待数万名群众。展览不售门票,还要付给博物馆一定的场地费。说到这里,他用坚定的口吻"对笔者说:"困难再多我要把展览办下去,让更多的年轻人受到教育。"

"人们的理解是对我最好的安慰"

藏于枣庄市薛城区临山公园的"铁道游击队纪念碑"

有益的义举就会赢得社会公认

2000年11月7日,山东电视台为潘福安自费办展览进行了专题报道。

潘福安(后排左一)参加7月1日庆祝建党80周年"战斗里成长"专题节目时与老英雄们合影

后记

　　《铁道游击队图史》一书是编者数十年来收集的有关铁道游击队的历史图片和文字资料编辑而成，力求全面真实、图文并茂地反映这支著名抗日武装的光荣历史，再现她当年的神勇和辉煌，用他们崇高的爱国主义和革命英雄主义精神教育和激励今人和后人，继承传统，开创未来。

　　编者从小听着铁道游击队的传奇故事，唱着"弹起我心爱的土琵琶"的歌曲长大，铁道游击队的感人事迹时时震撼心灵，英雄们的光辉形象始终萦绕心头。作为铁道游击队的传人总想为其奉献自己的绵薄之力，心愿之一便是把对铁道游击队的挚爱化为传世书稿。成书过程中，得到了各级领导、铁道游击队老队员及亲属李慧芹、徐淑华、张士银、周庆云、秦玉斗、张静波、刘宗仁等，以及有关专家学者的大力支持；中共枣庄市委党史研究室原副主任齐广本先生在本书编撰工作中给予了重要帮助，在此一并表示感谢！

　　由于历史久远、水平所限，不足之处在所难免。尤其战争年代历史照片缺少，因而在有些地方为照顾图史的连贯性，不得不采用许多影视、书刊等资料，由于时间仓促和联系不便，未能征求作者意见，在此深表歉意和感谢。

　　对本书存在的疏漏和错误，还望铁道游击队老队员及亲属，以及党史，军史专家学者给予指正。

潘福安

二〇一二年十一月十六日

图书在版编目（CIP）数据

铁道游击队图史 / 潘福安主编 .

－ 北京 ：人民武警出版社，2012.12

ISBN 978-7-80176-839-1

Ⅰ．①铁… Ⅱ．①潘… Ⅲ．①抗日斗争－史料－枣庄市 Ⅳ．① K265.06

中国版本图书馆 CIP 数据核字（2013）第 001743 号

书　　名：	铁道游击队图史
主　　编：	潘福安
出版发行：	人民武警出版社
	社址：（100089）北京市西三环北路 1 号
	发行部电话：010-68795350
经　　销：	新华书店
印　　刷：	北京鹏润伟业印刷有限公司
开　　本：	210×297　　A4
字　　数：	180 千字
印　　张：	8.75 印张
印　　数：	0-3000
版　　次：	2012 年 12 月第 1 版
印　　次：	2012 年 12 月第 1 次印刷
定　　价：	298.00 元